理才丛书 —— 人才互联的力量　　　　　丛书主编：黄树辉

企业团队与文化

—— 互联时代的多象限组织

陈　谏
王启军 ◎ 著

企业管理出版社

ENTERPRISE MANAGEMENT PUBLISHING HOUSE

图书在版编目（CIP）数据

企业团队与文化：互联时代的多象限组织 / 陈谏，王启军著 .

—北京：企业管理出版社，2015. 8

（理才丛书 . 人才互联的力量）

ISBN 978-7-5164-1107-0

Ⅰ . 企… Ⅱ . ①陈…②王… Ⅲ . ①企业文化—研究 Ⅳ . ① F270

中国版本图书馆 CIP 数据核字（2015）第 174069 号

书　　　名：企业团队与文化——互联时代的多象限组织

丛书主编：黄树辉

作　　者：陈　谏　王启军

责任编辑：刘一玲　崔立凯

书　　号：ISBN 978-7-5164-1107-0

出版发行：企业管理出版社

地　　址：北京市海淀区紫竹院南路 17 号　　　邮　　编：100048

网　　址：http://www. emph. cn

电　　话：总编室 68701719　发行部 68414644　编辑部 68701322

电子信箱：80147@sina.com　zbs@emph. cn

印　　刷：北京媛明印刷厂

经　　销：新华书店

规　　格：710 毫米 ×1000 毫米　16 开本　11 印张　150 千字

版　　次：2015 年 8 月第 1 版　　　2015 年 8 月第 1 次印刷

定　　价：42.00 元

丛 书 序

基于人力资源管理思维的"以人为本、人力资本"的概念，很多年前就被提及与重视，并为众多管理者所推崇。

然而，时至今日，能够实现"以人为本、人力资本"的企业却寥寥无几。大家都在"以人为本、人力资本"的旗帜下继续着"人力管理"的旧路。

目前市场上流行的人力资源管理信息系统，其设计思路基本上来源于：

- 中国传统的行政、人事型的事务性管理方式；
- 西方人力资源管理的选、育、用、留理论体系；
- 办公自动化（流程）与数据库管理的信息技术。

近几年，不管是人力资源管理的业务模式，还是信息技术的实现方法，均发生了巨大的变化。于是，业界试图用最先进的技术设计出最优秀的人力资源信息化系统。虽然人力资源信息化系统正在业界的共同努力与探索下日趋完善，为管理者带来了方便，为企业带来了效益，但始终没有突破上述设计思路，只是从技术手段、内容模块、管理需求等方面进行了大量改良，而与大家理想中的"以人为本、人力资本"相差甚远。

随着云计算、移动互联等新技术、新应用几乎渗透到每个角落，人力资源信息化领域被掀起一阵狂澜。在实际管理与信息系统范围内，"云平台、云管理、云应用"等概念与产品铺天盖地，结果也让人眼花缭乱、云里雾里。

为什么对人才的管理仍然举步维艰？为什么现代技术对人力资源管理的积极影响有限？

我们认为主要是下述原因：

• 重"管理"。对人、人事、人力资源等对象，特别重视施行管理，这样导致对人力资源管理领域的运营模式墨守成规。

• 重"技术"。当一切管理进入数字化信息时代，大家过于重视通过技术手段来实现人力资源业务管理，这样就造成了本末倒置，让人力资源业务管理处处受制于相对固化、滞后的人力资源信息产品。

如何突破"管理"的枷锁？如何突破"技术"的瓶颈？

这些年我们一直在思考、探索与研究中西方人力资源管理领域的典型案例、衍化过程、发展趋势，并不断论证与实践。

随着时代的发展，社会变了、环境变了、人文变了、技术变了，人力资源管理也需改变。本着与同行分享与交流之目的，我们把对人力资源管理领域的浅薄见解整理成系列丛书，供大家参阅。

一、丛书核心思想

丛书的核心思想就是突破"管理"枷锁，通过"理才"方式淡化"管人"习惯，借助云计算技术，实现理才运营的移动互联，最终全面突破原有人力资源管理领域的业务与应用的模式，在新商业模式中探索一系列新的策略、工具与方法。

• 理才。改变过去"管人"的理念、行为与机制，提出"理才"的思想，以实现"以人为本、尊重人才"，挖掘、盘活、发挥人才的潜能与价值，"人才价值、人才增值、价值变现"是贯穿丛书的主线。

● 互联。一是实现人力资源管理领域内各模块间的业务关系的互联；二是以企业业务价值链为基础，通过领域、行业、外部业务关系寻找各种团队形成、发展的属性，实现团队各层次管理和运营的互联。

● 颠覆。一是对在人力资源管理领域的业务模式进行创新、突破；二是对人力资源管理信息系统的设计、应用与发展趋势进行大胆的预测、颠覆。

二、丛书内容简介

从书围绕"理才、互联、颠覆"之核心思想，以"人才价值、人才增值、价值变现"为主线，分为"理才布局、任职资格、能力管理、聚才增值、碎片式学习、卓越绩效、精准薪酬、企业团队与文化、人才互联的力量"等九个主题展开论述，各主题的内容简介如下：

1. 理才布局

剖析企业在进行人力资源规划时陷入"无规划有计划、有规划无效果、无规划无计划"的误区与存在的苦恼，突破业界关于人力资源管理的定式与局限，进而提出更为彻底、更为专业、更为有效的人才运营理念、模式与方法。

理才布局，通过突破"管人"、强调"理才"、聚焦"资本"、变现价值、打造合作、借力互联等核心思想，提出"提高度、绘蓝图、定策略、布人才、建模型、设平台"等六大布局。从理才业务蓝图、人才资本、人才编制、人才成本、数据模型等方面进行全面、系统的分析与阐述，并紧密结合云计算技术、移动应用、互联模式，打造全新的理才信息化互联平台与应用。

2. 任职资格

当前各种各样的任职资格标准共同的缺陷就是来源于看似深

奥实为呆板的能力素质模型，以此针对职位要求、人才水平进行评估，必然导致结果抽象、复杂、形式化，让投入很多精力、时间、成本的任职资格管理收效甚微。

任职资格管理，通过分析人才价值，形成人才价值链，结合企业核心业务的分解，提炼出最为基本的工作项，然后将相对长期、固定、类似的工作项组成具体职位，再根据工作项的任职要求，形成任职资格标准体系，并按照标准进行管理和评估。这种管理创新，既解决了任职资格标准与评估的依据，也改变了目前"以岗定责""先挖坑再种萝卜""有能力无价值"的定式，代之以"以工作项定职位""先有萝卜再挖坑""由价值评估能力"。

3. 能力管理

时下的能力管理，主要聚焦于能力素质标准设计与能力水平的评估，但在实际应用中，它又显得如此无能为力。主要由于能力素质标准与实际业务要求并不匹配，能力提升的布局与企业发展脱钩，人才的能力水平难以客观、准确地评估，人才能力的获取方法太单调、途径过于封闭。

能力管理，超越传统的能力素质定位，从培养、获取人才竞争力的高度，通过人才突出能力超越值分析、团队成员缺乏能力分析、未来业务发展趋势分析，挖掘与发挥人才潜力，引入人才竞争力与投资回报率评估，设计标准的人才竞争力测量模型，最终形成人才能力指标，指导人才与团队竞争力的布局。这便于企业在核心业务或工作项发生变化时，提前部署适应这种多元变化的复杂团队组合。

4. 聚才增值

企业招不到人才，人才找不到工作，似乎是人才需求与市场供给永恒的尴尬。是一成不变的人才招聘与甄选方式有问题，或是人才的评估与培养没效果，还是人才的使用与配置不合理？

聚才增值，立足于人才的价值性，引入人才投资理念，根据企业对人才的投入，以及对人才自身价值增长的预测，指导人才的获取。投资式人才获取，通过把工作项与任职要求关联，把工作项与职位关联，进而把任职要求与职位关联，最终实现工作项、职位与人才的多重匹配。在这个多重匹配的基础上，针对人才当前的价值进行评估，预测人才的价值增长情况，然后得出企业投资人才所产生的人才本身的增值与企业收益，并根据不同人才的优势挖掘，形成团队的最佳组合。

5. 碎片式学习

"食之无味，弃之可惜"是很多企业对培训的第一感觉。业务部门说浪费时间，老板说花钱不见效果，培训部门则做也不是、不做也不是，如两头受气的小媳妇。那种传统课堂和被迫式的学习，越来越众口难调。随着时代、社会的变化，人们也在变化，"心情浮躁、目的功利、文化快餐、竞争激烈、身心疲惫"反映了人们生活与工作中的心态、行为与习惯所受到的影响。

碎片式学习，借助移动互联的平台与应用，提出碎片式的学习方法，即把培训体系、培训活动、培训课程碎片化，学习内容、学习时间、学习方式碎片化，通过微课堂、微社区、微信、微博等新兴的互联短片与快餐，突破时空限制，达到个性化、团队化、移动化的自我修炼与成长。

6. 卓越绩效

在整个管理界，能够动人心弦的，莫过于声势浩大的绩效管理了。然而，绩效管理到底能为企业带来什么？绩效管理的方法是否合理？这些问题越来越引发管理界的深思与探究。

卓越绩效，根据企业经营业务的核心价值领域、核心价值指标进行分析，设计企业价值模型，形成企业价值链。然后根据经济增加值在业绩评估体系中如何实现，在投资回报预测的范畴内，考虑人才、团队能力的增加值，划分出不同业务策略实现的途径，并通过业绩、差距分析来回归业务策略的科学性、合理性。通过"27相业绩结果"应用模型与方格分析，进行个人与团队的全面业绩与价值评估，最终实现企业与个人合作共赢的卓越绩效。

7. 精准薪酬

企业的低成本意识和员工的高待遇期望仿佛永远无法平衡。"稳定"的工作和"满意"的待遇相信是绝大多数员工的追求，但如何评判"满意"，达到什么样的薪酬水平员工才能满意，员工满意了企业是否满意，都是摆在我们面前的问题。

精准薪酬，以人才价值贡献、企业投资收益为核心，剖析企业经济增加值与个人收益、成长、环境之间的关系，结合不同人才、不同工作项的差异点、优势点，设计对应的收益分配模式、特殊激励模式，并分析、对比与指导多种、全面、精准的薪酬分配与激励模式在不同的行业、发展阶段、管理环境中具体运用。

8. 企业团队与文化

不管是什么组织类型，似乎永远满足不了企业的发展与变化；不管是什么企业文化，似乎一直是那么"高大上"而不接地气。于是，组织的调整与文化的变革成了企业长期以来需要投入大量精力与时间的活动。

企业团队与文化，通过多象限组织、拉力式组织的形式，彻底颠覆组织结构的设计思路，打造企业团队，走出目前组织低效的困境。当企业组织变成企业团队后，带有新时代特点的企业社区企业文化，涵盖了社会环境对企业文化的冲击，企业所在行业的情况对企业文化的影响，企业投资者和具有实际控制权的高管们对企业文化留下的烙印，不同年代的员工因成长经历、阅历与个性的差异对企业文化的不同理解；阐述了传统观念与现代理念的融合，中华智慧与西方管理思想的融合，不同团队、企业重组带来的不同行事风格的融合，企业高层、中层、基层之间的融合。

9. 人才互联的力量

在云计算技术日益成熟、移动应用成为趋势、互联模式无所不在的今天，颠覆传统的人力资源管理信息化系统，打造全新的理才信息化互联平台与应用，是必然的发展趋势。

人才互联的力量，借力互联，通过技术互联、平台互联、应用互联，实现人才工作方式的弹性化、碎片化，达到史无前例的人才信息互联，形成庞大、真实的人才大数据。在人才大数据的基础上，真正实现从"管人"到"理才"、从"使用"到"运营"、从"资源"到"资本"、从"成本"到"价值"的转变。

三、读者群体

丛书主要适合各类企业中从事人力资源管理的各层级人员、带领团队的各层级管理人员阅读，可供人力资源管理相关专业类院校的师生研习，也可供政府、事业单位的工作者参考。

四、结　语

本拙作，虽然倾注了我们著书团队的智慧与心血，但可能还存在一些问题与疏漏，就当作抛砖引玉，恳请同行们批评指正，期待后续同行们为我们带来更多的智慧。

我们的研究有幸起源于这个商业模式的时代，"以人为中心"

的互联网经济将促使我们采用创新的、跨界的、更加专业的思维来调整我们的管理体系，任何困惑与质疑都阻挡不了这个趋势，我们一直在路上。

陈谏　黄树辉

2015 年 4 月

前　言

关于人的管理，从人事管理到人力资源管理，从人力资源管理到人力资本管理，包括管理的思维、策略、手段、方法、范畴、对象和焦点等，均在产生巨大的改变。

关于人的定位，从人力到人才，从资源到资本，不断诠释着人在企业经营中的重要性，而"人才"更在企业经营中发挥着举足轻重的作用。

在瞬息万变、信息爆炸的时代，云计算技术日益成熟，移动互联无处不在，大数据横空出世，人才成就与主宰了这些天翻地覆的变化。

企业经营的布局、市场资源的竞争、产业技术的革命、商业模式的颠覆，一系列的商业活动，都由人才发起，也由人才展开各种智慧的较量。

于是，企业的兴、衰、存、亡，不再是资金独占鳌头，不再是市场独定乾坤。翻云覆雨间，是人才跨越了定式、跨越了时空、跨越了边界；是企业根据人才的思想、行为、习惯、能力、素质对人才进行不同的职业定位，以互联平台、理才运营的方式实现了人才的不同价值。而企业与企业之间、企业与人才之间、人才与人才之间却通过一条共同的价值链，实现了大融合、大互联。

在移动互联时代的大背景下，本书通过对团队文化的全面深入探究，对于团队文化的主文化、亚文化、反文化及文化震荡进行了全面阐述，对于建立主文化包容下的多层次团队文化、预防和遏制反文化及文化震荡进行了深入论述，结合多象限组织下的拉力式价值链管理，利用移动互联信息技术，彻底颠覆传统组织结构和价值链管理方式，从而帮助读者打造全新的团队，走出目前组织管理低效的困境。

　　带有新时代特点的多象限团队文化管理理念，有效处理了：社会环境对企业文化的冲击、企业所在行业对企业文化的影响、企业投资者以及具有实际控制权的高管们对企业文化留下的烙印、不同年代员工的成长经历、阅历与个性对企业文化的不同理解与接纳等等，阐述了不同团队、企业重组所带来不同行事风格的融合，企业高层、中层、基层相互间的融合。

目　录

第一部分　神马浮云的企业文化

第二部分　企业文化新思维

第一部分　神马浮云的企业文化

当一群志同道合者为了共同的目标，凝心聚力做同一件事情的时候，将会创造意想不到价值，不仅其中的每一个人都会创造意想不到的价值，由他们组成的集体所创造的价值也将远远超出每个人的价值之和。这就是传说中的文化的力量吧。

20 世纪 80 年代初期的战败国日本，面对资源贫乏、火山和地震连绵不断的情况，却以仅占世界总面积 0.25% 陆地国土面积，占世界总人口的 2.7% 国民，创造了高达 10300 万亿美元生产总值，占世界生产总值的 8.6%，成为世界经济第二大国，直接挑战美国。从而掀起了一股探究日本经济腾飞奥秘的旋风，最后的结论就是：日本的企业文化成就了日本的经济腾飞。美国著名的管理行为和领导权威专家约翰·科特教授用了 11 年的时间，进行了实证性研究，进一步验证了这个结论，考察数据见下表。

11 年考察期间数据表

指　标	重视企业文化的公司	不重视企业文化的公司
总收入平均增长率（%）	682	166
员工增长（%）	282	36
公司股票价格（%）	901	74
公司净收入（%）	756	1

在中国，伴随着 2005 年国资委 62 号文件的出台，理论界、咨询界和实业界更是掀起了企业文化热潮。全国各地国有、民营企业自主或聘请专业机构纷纷开始打造自己独具特色的企业文化……

第一章　言行不一的口号

成立于 1996 年的 TH 公司，是一家具有 5 万多平方米厂房、年生产 800 万件 / 套衣服产能、年营业收入近 10 亿元人民币的企业。公司老总 J 总谈起企业文化建设，激昂澎湃，谈起 TH 公司的企业文化建设，如数家珍，仿佛就在昨日发生一样。

公司成立之初，J 总筹集了 3 万元现金，招了 20 个工人，承包了一个加工羊毛衫的工厂，就这样一步步艰难曲折但又充满着成就感走到了今天。随着企业规模的一步步壮大，J 总感到越来越力不从心了。几个副总各自为了自己的地盘，整日吵吵嚷嚷，中层管理人员各自都有自己的苦水；基层员工每天都在加班，还不能按时出货。终于有一天，面对延期无法交货的订单，看着几个副总的相互指责、推诿，J 总终于爆发了。而后 J 总一个人跑到北京的一个朋友那里，大醉了一场。他把自己一个人关在宾馆的房间里，几天都没有出去。

一、画饼充饥的愿景

可是，订单还是要完成的，员工还是要发工资的，企业还是需要正常运转的。酒醉后的清醒往往更让人清明透彻，经过连续几天的静思，J 总决定勇敢面对，绝不逃避。

为了尽快摆脱困境，J 总先后到 5 个企业进行了参观、考察、学习，并和这 5 个企业的负责人进行了推心置腹的交流，还有选择地和这几个企业的管理人员和基层员工进行了访谈。根据几个企业负责人的建议，J 总还不断参加培训公司的管理培训，并选择了一家他认为很好的培训公司作为战略伙伴，还和这家培训公司的老总、讲师拜了把子，根据年龄，J总还如愿以偿地当了老大。

根据几位企业负责人和各位兄弟的建议，J总决定从企业文化入手，打造一套具有TH特色的企业文化。说干就干，J总做事向来雷厉风行，他不断参加几位讲师兄弟的课程，一方面给兄弟们捧了场，另一方面他在不断琢磨打造只属于TH的企业文化。

为了制定能够激发斗志、凝聚人心的企业使命，J总带领公司的核心高层成员一起到兄弟企业参观学习、一起收集所能收集的他认为的世界上最成功企业的使命，并和大家一起制定、讨论、修改、完善。

为了能够制定一个和他心中符合的企业形象相匹配的伟大的公司使命，J总还多次请教高校的教授，拜访了当地的政府官员，不厌其烦地和他那几位专业的把兄弟进行沟通交流。并最终编制了和他心中的公司形象相匹配的公司使命。

只有伟大的公司使命还不行，还要有能够鼓舞人心的宏伟的公司发展愿景。

有了制定公司使命的经历和所积累的知识、人脉财富，更重要的是，J总自己本身早就有伟大的雄心壮志，他只需要把这几方面进行有效地汇总、提炼，伟大的、能鼓舞人心的、宏伟的企业愿景就出炉了。

和公司的宏伟愿景的制定相比，对于公司的核心价值观的制定，J总就比较吃力了。他本着崇高、能体现公司良好形象的原则，依然吸收、借鉴了其他公司的优秀成果、征求了朋友们、教授们、官员们的真知灼见，最终制定了自己满意的只属于TH公司的核心价值观。

TH公司有了自己的使命、愿景、核心价值观以后，J总还认真细致的制定了TH公司的中长期发展目标。他把这些内容编制成册、制成标语标牌，组织员工不断学习，他还会不定期进行抽查，验证学习的效果。

这下可以大舒一口气了，有了伟大的使命、宏伟的愿景和崇高的核心价值观，这下子员工就应该不会在踢皮球扯淡了。然而，伟大的道路都是坎坷的，本以为可以大舒一口气的 J 总，心情更加郁闷了。几个月过去了，情况怎么还是依然如旧呢！每一个员工虽然都能熟背公司的使命、愿景，但他们居然认为这些和他们的日常工作没有太大关系，这只是老板在给他们画大饼。

难道这真的是给员工画大饼，J 总又陷入了沉思。

二、挂在墙上的制度

带着不解和困惑，J 总又去找他的几个把兄弟了。详细了解了经过后，兄弟们给出了专业性建议：一是光自己培训不行，还要让管理人员和员工代表参加培训；二是光有使命、愿景还不行，还要有相匹配的实施细则和规章制度；三是相应的形象展示也是必需的。

接下来，J 总安排所有的管理人员和员工代表多次参加培训。他还积极协调公司的原辅材料主要供应厂商、外发加工点负责人全部参加培训，所有的费用全部由 TH 公司承担。培训结束以后，J 总还组织所有参加培训的人员一起讨论，部署相应的工作。根据讨论结果，J 总把大家分成三个行动小组，分别负责标语的制作张贴、员工手册和规章制度的编制发布、对外宣传广告事宜等。

第一小组行动了。他们从本市的十家优秀的专业广告公司中精心挑选了一家的业务过硬广告公司，并要求对方提供三个不同风格的标语款式、三种以上的材质要求、三倍以上的标题内容，精心组织高、中层管理人员和部分基层管理人员、员工代表进行评选，广泛征求大家的建议，并精心选择了宣传标语的张贴地点，以达到最佳效果。负责此项工作的公司副总亲自进行了跟踪监督，从标语内容安排、张贴布局、张贴位置到标语的质量要求、跟踪验收都进行了周密部署。

实际张贴标语的时候，分管副总派专人跟踪此项工作，严格按照各项要求进行张贴。做到标语的内容、布局一丝不差，高度位置整齐划一，全面体现出公司的高大形象。J 总还亲自进行了巡视，心中十分满意。

第二小组的工作更加认真细致，他们组织了员工手册和规章制度编写小组，收集了世界上著名优秀公司的相关资料，组织大家进行学习吸收。文件编制了初稿以后，还组织了各部门的人员进行反复讨论。为了把文件编制得更加完美，J 总还请了他的把兄弟亲临现场授课，面授机宜。

这些文件编制、发布了以后，公司还专门进行了培训，并考核培训结果。有三名没有及格的员工，还被通报批评，重新补考。

第三小组的主要组成人员主要是公司的市场人员，对于广告牌的设计、制作、安装本就轻车熟路，但仍不敢大意。

对于广告牌的内容设计、结构布局、材料选择更是精益求精，对于工作的细致、认真程度较第一小组是有过之而无不及。不仅仅如此，第三小组的人员还把原辅材料主要供应厂商、主要外发加工厂商的负责人请了过来，把他们也都纳入了广告牌的宣传范围，把第一小组的宣传标语也在他们的公司进行了相应的张贴宣传。

根据公司员工手册和管理制度的要求，TH 公司的员工统一着厂服，见面有统一的问候话语，对于随地吐痰、文明用语有统一的要求，对于员工仪容仪表的要求更为细致，不仅仅是穿厂服，对于头发、指甲、袜子、鞋子、工作情绪等都提出了明确的要求。

J 总还在不同的场合要求管理人员要做行为表率。

随着这一系列的工作的实施，J 总发现情况有了好转，一时间欣喜异常，十分有成就感。一遇到合适的表达场所，就不断展示自己的成果。

但是，好景不长，两三个月过去了，J 总发现那些老问题又复现了，从某种意义上来说，比原来表现得更为高级了，原来表现得很是显性，而现在的表面工作做得很是到位，而实际工作较之之前的恶劣程度更加严重，不良比率高居不下，生产交期一推再推！J 总是个善于思考的人，他通过明察暗访，并长时间静下来理性分析之后，J 总发现，虽然公司制订了一系列的规章制度，而真正严格执行的并不多，发自内心认可的更没有发现，连 J 总本人对公司的使命、愿景、价值观等，在内心里也觉得是美好的、遥不可及的大饼。即使是前几个月的好转现象，也是因一系列培训、制度编制等活动为员工带来的心理压力引起的，而不是因为制度本身。和企业的使命、愿景、核心价值观一样，这些规章制度并没有走进员工的内心，而仅仅是一些口号、摆设，和他们的日常工作没有很大关联（见图1-1）。

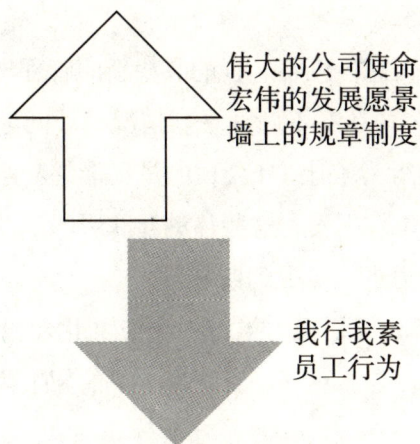

伟大的公司使命
宏伟的发展愿景
墙上的规章制度

我行我素
员工行为

图1-1　言行不一的口号

本章小结

1. 以展示企业形象为基础的高大上的企业使命、宏伟的企业发展愿景和崇高的核心价值观虽然看起来那么光鲜靓丽，实际上却反映不了企业文化的真正内涵，对企业的完善和发展无法起到其应有的作用。

2. 墙上的标语、纸质/电子的制度流程和对外宣传的广告展示，看起来和员工的日常行为贴的很近，但却很难走进员工心里。

3. 没有走入员工心里的标语、制度等，其实际效果就是成了言行不一的宣传口号。

第二章　冲击震荡的企业文化

正当 J 总冥思苦想、废寝忘食的寻找新的管理出路，提升企业管理水平的时候，TH 公司还在不断涌现新情况、新问题。这些不断涌现的新情况新问题，使得为了让 TH 公司的员工能够凝心聚力，已经日益精疲力竭的 J 总更加焦灼不安，这些移动互联影响下的新生代员工，让原本松散的企业向心力进一步受到撕裂。

如果说自己精心策划全力推行的企业文化建设没有取得预期效果使 J 总十分困惑，可是面对移动互联影响下的新生代管理难题，则更让 J 总感到力不从心。

一、新生代冲击

从小就生长在"4+2+1"独特环境呵护下的新生代员工多为独生子女，他们个性张扬、喜欢自由、充满自信，他们虽然乐于接受新事物、新思潮，但同时强调个性舒展、心态开放，他们渴望被尊重和认可，渴望成长、成就和实现，渴望自由发展的空间。

新生代员工注重功利，讲求实惠，行为上着眼利益及享受，有时候甚至是急功近利，希望少付出多得到，更不能吃亏。对于追求物质的享受，"月光族""卡奴"就是对他们生活方式的具体写照。

在"4+2+1"的独特环境中成长起来的新生代员工，出了任何问题都有"4+2"为其解决，因而造成普遍的主体意识缺乏。传统员工对待工作任务，大多能全力以赴、尽善尽美地去完成，会占用业余时间，甚至动用各种私人资源以期达成目标。新生代员工则大多会下班走人，工作是工作，生活是生活，他们的理解是责任存在于工作时间内，一般不愿意加班，除非有他们认可的利益刺激。

在面对工作问题时，要么与管理层对峙、理论，希望以激烈的形式来解决问题，要么采用消极抵制的办法，以"软抵制"对待工作，或者干脆离职走人，"不受你的气"。他们强调自我意识，敢于离经叛道，敢于挑战权威，漠视传统的职场文化。心理承受力差。新生代员工心理容易波动，情绪起落大，抗压能力差，往往受不起批评，不能面对挫折与失败。极端的例子是屡次出现的"跳楼门"事件，极大地折射出新生代员工的突出的心理健康问题。而新生代员工在受到挫折和困难时情绪低落，影响工作绩效，消极怠工甚至离职走人，则是相当普遍的事情，但在心理调节能力、遇挫适应能力方面又亟须加强，任性且缺乏合作意识。

新生代们也并不是一无是处，他们思想开放、充满活力。由于相对年轻，又赶上经济繁荣、科技发达、信息畅通的新时代，加上西方文化的影响，使他们精神和思想都较为开放，不墨守成规，富有想象力，具有相当的创新性和创造力。这一点是新生代员工最具价值和最具优势的地方。

同时，总体受教育程度较高，是迄今为止个体素质最高的群体。其具有较高的适应性和特别强的学习能力，在当今知识爆炸、变革创新的时代，他们关注对工作的体验、过程的愉悦、精神的抚慰，他们渴望表达、沟通和被理解，渴望公平环境和公正待遇，他们希望得到组织和管理者更多的关怀、关心和关爱。但由于其心理素质的脆弱性、对成长成就欲望的强烈性，与组织对工作绩效的高要求、严考核形成一定的反差，而在应对团队之间协同沟通、应对差异化个性的客户需求、应对重复性工作带来的心理压力方面也凸现出他们在适应性、自信心、荣誉感和对工作价值的认同感方面存在欠缺。

面对新生代独具的价值和优势，J总总是手足无措，更多的表现则是新生代们的张扬和自由对公司原有体系的排斥和冲击（见图2-1）。

圈子越来越多
娱乐移动化方便多
客户要求越来越多

交流越来越少
员工共乐越来越少
用心交流越来越少

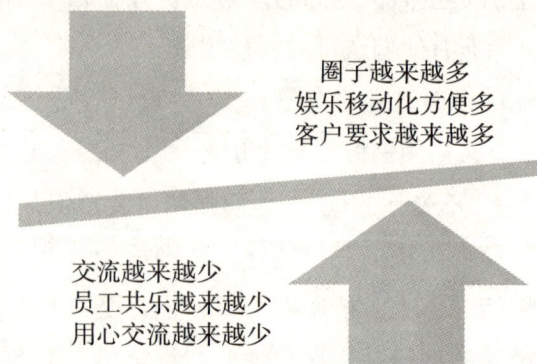

图 2-1　移动互联的冲击

二、移动互联的信息冲击

同时网络虚拟世界在现实生活的比重也越来越大，微信、QQ、微博、聚划算、百度等互联网、物联网工具，在给人们带来巨大的信息量和新的生活模式的同时，也正在改变人们对于世界的看法，尤其极大地影响了新生代员工的行为模式乃至价值取向。

（一）团队越来越多，交流越来越少

以前我们要完成什么事项，首先想到的是要去找当事人进行面对面交谈、小范围会议等方式来沟通解决，在这些沟通方式中，人与人之间面对面语言交流很多，同时还会包含丰富的肢体语言，人与人之间的感情联络很深，感情自然而然就很深厚，人与人之间变得比较亲切了，企业的软实力也就形成了。由于移动互联的影响，现在有什么事项，首先想到的是 QQ、微信、工作圈、同学圈、娱乐圈等等，我们通过这些营销圈、设计圈、老乡圈、同学圈等等，几乎可以解决日常的所有事项。但是，我们却忘记了人与人之间交流的本质——缩短心与心之间的距离，相反，人与人之间面对面的交流很少了，心与心之间的距离增大了，员工之间的感情淡漠了，变得越加疏远了。

同时，因为移动互联网的出现，扩大了我们之前信息共享的团队和范围。之前我们只能通过电视、计算机、广播等才可以了解的信息

（还不是天天能够去了解，自家没有电视的还需要到别人家去蹭，自己没电脑还要去网吧），而现在随时随地都可以了解了。这样，外界的各种正面信息、负面信息、误导信息接踵而来，这样就使得原本就缺乏深度交流的员工，其沟通交流的成本就越来越大了。

（二）娱乐移动化，共乐越加少

不觉间，我们都养成了一个习惯，哪怕有一点点空闲，甚至是等公交、地铁、等着开饭的那一丁点时间，我们都会拿出手机，疯狂的玩找你妹、切水果、消灭星星、神庙大逃亡、全民飞机大战等游戏，翻阅手机里的电子书、股票、新闻。更让老板们无法接受的是，越来越少的面对面的沟通交流会的会议间隙，大家也不忘挤那一点点时间，不断刷屏。

独乐不如众乐，娱乐的移动化让员工间的日常互动娱乐就越来越少了，心与心的距离更加渐行渐远。

（三）用心交流越来越少，客户要求越来越多

面向移动互联网的新环境，当今的世界正日益成为一个时刻被各种信息影响的世界。各种信息正以各种各样的方式竞相吸引人们的眼球，占用人们尽可能多的时间。而随着信息渠道的极大丰富，生活节奏的不断加快，人们对产品、服务的要求也出现了零散、片段、实时等碎片化的特征，从而对产品和服务的感知和体验提出了更高的要求，这就需要企业对客户需求的响应要更加及时，提供的产品或服务要更加多样、质量更加可靠。

面对公司内外涌现的新情况、老问题，不仅仅是J总，许多老板已经感受到了巨大压力。

而面对迫在眉睫的2015年的校园招聘马上就要开始了，可对于移动互联影响下的新生代管理难题还没有得到有效解决，这无疑让人更加头疼。

本章小结

1. 从小就生长在"4+2+1"独特环境呵护下的新生代员工多为独生子女，他们个性张扬、喜欢自由、自主自信，他们乐于接受新事物、新思潮，强调舒展个性、心态开放，他们渴望被尊重和认可，渴望成长、成就和实现，渴望发展的空间。

2. 移动互联影响下的企业，娱乐移动化，共乐更加少；团队越来越多，交流越来越少；移动互联影响下的企业客户要求越来越碎片化，对产品和服务的感知和体验要求越来越高。

第三章　同床异梦的成员

兄弟齐心，其利断金！

无论是新生代员工，还是老员工；无论是老板，还是员工，如果上下能保持齐心，相互取长补短，并形成强大的凝聚力，无疑会给企业的壮大、发展带来无穷的动力。然而在实际的企业运行当中，远非如此。老板有老板的精明算计，管理者有管理者的长久打算，员工有员工的小九九，每个员工、每个职位、每个角色都有自己的心理定位，都有自己的梦想，然而，他们在梦里相遇的时间和机会并不多（见图3-1）。

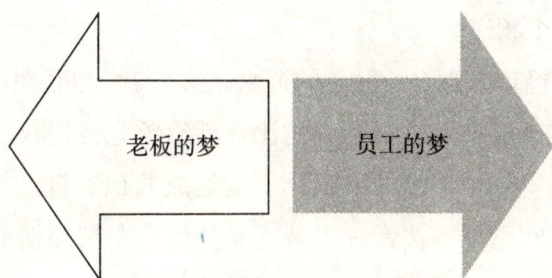

老板的梦　员工的梦

图 3-1　老板、员工同床异梦

一、高处不胜寒

（一）志得意满的孤独

回想起刚刚创业的日子，J总很是怀念，那个时候虽然条件艰苦、诸事不顺，但大家总是有无穷的用不完的干劲，无论是资金难题，还是生产交期，大家总能想出合适的方法顺利解决。那个时候，他一个眼神、一个动作，他的小伙伴们都能心领神会，哪怕是熬个通宵，大家也能彼此鼓励，从不推脱。

随着公司的一天天壮大，J总在公司的时间越来越短，虽然每次在公司的时候，他总是尽量在生产一线，了解生产实际，与小伙伴儿们沟通、聊天，心理上总像有一层隔膜，新的员工越来越多，老的员工还有心理隔膜，对于事业蒸蒸日上的老板来说，自己越来越孤独了！

（二）职业化道路上的孤独

随着公司的一天天壮大发展，J总也请过职业经理人，可依然达不到自己的预期。

J总总是觉得和请来的职业经理人进行沟通十分艰难，工作上的沟通是那么呆板，生活上的沟通又是那么漂浮，很难有深层次的交流。由此表现出来的就是工作决策上的差异和日常工作上的冲突。在工作决策方面很难达成共识，甚至连折中妥协的机会都很少，很小年龄就出来打拼的J总，自认为自己与别人打交道的能力是十分强的，无非就是彼此让步、折中妥协，可与职业经理人打交道却完全是另一种状态，彼此总不在一个频道。

可是职业经理人也有一肚子的苦水，这个J总也很明白，他们总觉得自己的授权不够，信任不足。要让自己给予充分授权，你要有能够让人授权的底气啊！关键的事项都不能达成共识，自己如何授权？！他们解决实际问题都不按常理出牌，又如何完全按照他们的方式进行解决，每每谈及此，J总都有一肚子的话说。

原本是想请职业经理人帮助自己的，却又给自己增添了那么多烦恼。企业在职业化道路上的J总更加孤独！

企业的老板和员工真的不能一心，真的不能在梦里相遇？！

二、梦里能相遇

（一）老板的梦

每一个老板创业时都有自己的梦想，有的老板想拥有更多物质财富，有的老板不仅想拥有更多的物质财富，他们还想实现心中的抱负，想名利双收。因为有物质梦想，老板们希望拥有更多的物质财富，因为希望拥有更多的物质财富，老板们希望拥有更多的资源让自己支配。这样一来，老板们每天都在寻找自己可支配的资源，争取获得更多的物质财富。

当然，不管有没有更高的社会抱负，老板们还希望自身能够得到社会的认可，受到社会和他人的尊重，他们不仅仅希望自己受到员工的尊重，还通过很多方式去获得社会的认可。在中国，很多老板是人大代表、政协委员和各种协会的主席、副主席、会长、副会长等等。

当然，物质梦想和精神梦想是相辅相成的，在特定条件下，还会相互转化。

一般情况下，老板的物质梦想会和员工的物质梦想相矛盾，所以，社会上会经常出现压低、克扣工资的现象。

（二）员工的梦

作为相对优秀的员工——企业的管理者，他们同样有两个梦想，管理者的物质梦想就是通过其所在的企业获取更多的物质财富（不仅仅是薪水），获取更多的可支配资源。为了扩大自己的可支配资源，获取更多的物质财富，有的管理者甚至不惜使用非正常手段进行破格获取。管理者的精神梦想就是获取老板和其他员工的认可、尊重！管理者的精神梦想和物质梦想往往是相辅相成的。

通常情况下，管理者的物质梦想通常会与老板和其他员工的物质梦想相矛盾。

一般员工也有自己的梦想，其物质梦想、精神梦想和管理者一样，都想通过所在的企业获取更多的物质财富和他人的认可尊重。只不过，大多数一般员工所支配的资源范围较管理人员来说就小了很多。

一般员工自身的物质梦想从外在表象上看起来和老板、管理者的物质梦想都是矛盾的，由于他们获得的可支配资源相对来说是最低的，所以受伤的总是一般员工。

（三）梦里如何才相遇

老板、员工的物质梦想互相交织，有一致的空间，有矛盾的地方，但外在表象上总是矛盾的，因而，梦里很难相遇！偶尔相遇，恐怕不是罢工对抗，就是劳动仲裁、法庭审判、堵厂塞路等等！

怎样才能让他们在梦里相遇呢？通过他们各自的梦想可以看出来，他们之间拥有最大交集的恐怕就是他们的精神梦想了，他们都渴望履行自身使命、体现自身价值、获得别人认可和尊重！因此，在精神梦里他们具有相遇的更大可能性。而精神梦想和物质梦想又是相辅相成的，这样看来，实际上老板、管理者和一般员工在梦里交会还是可能的，这应该就是企业文化的真正内涵了。

如果老板和员工的精神梦想可以交会，和精神梦想有密切关系的物质梦想也就具有了交会的可能，再加之他们拥有共同的实现梦想的平台，在业务联系和价值实现上又互相协作、合作共赢，所以，老板和员工的梦想实现也是互相联系、相辅相成的，当他们为实现梦想而共同携手奋进的时候（见图3-2），也应该是企业文化展示其伟大魅力的时候！

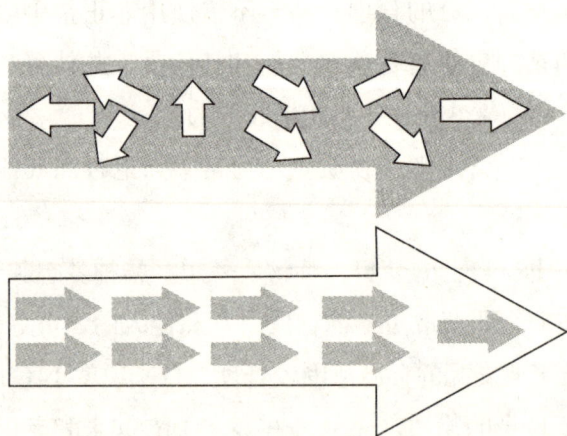

图3-2　梦里相遇效果图

本章小结

1. 老板和员工都有自己的梦想，在物质梦想的外在表象上是互相矛盾的，而在精神追求上却具有很大的一致性。

2. 拥有共同实现梦想的平台，使得老板和员工之间、员工和员工之间在业务联系和价值实现上既互相协作，又合作共赢，因而，老板和员工的梦想实现是互相联系、相辅相成的。

3. 当老板和员工为实现梦想而共同携手奋进的时候，也应该是企业文化显示其伟大魅力的时候！

第二部分　企业文化新思维

同心者同路。

如何通过企业文化来凝聚员工的力量，共同履行公司使命、实现公司愿景，同时也体现出员工的生命价值和意义，就需要探究企业文化的本原和其内在的规律，从而让企业文化绝不仅仅停留在高大上的使命、画饼充饥的发展愿景和高尚的核心价值观的展示层面，更应该是企业履行企业使命、体现社会价值和自身生存意义的内在精神气质，是企业在履行企业使命所应追求的发展愿景，也是帮助员工实现自己的梦想、体现自身社会价值和生命意义的精神内涵，从而为打造永续健康经营的外在形象和内在底蕴、经济效益和精神文化相统一的基业长青企业提供强大的精神动力。

第四章 寻找企业文化的根

寻找企业文化的根，需要了解文化产生的背景，从文化发展的源流上了解文化，了解文化发展过程中产生的理论，在文化演变中探究企业文化发展的内在规律性，从而进一步了解企业文化产生的背景、源流、理论和规律，循迹分析企业文化发展的必然趋势。

一、关于文化

了解文化产生之前，对文化的概念需要做一个全面的了解。对于什么是文化，中外学者给出的不同定义至少有 200 多个。综合来说，文化有广义和狭义之分，广义的文化指人类社会历史实践过程中所创造的物质财富和精神财富的总和，狭义的文化则指的是精神财富。本书所指的文化是广义文化。这样一来，我们就可以把文化分为精神文化和物质文化。精神文化和物质文化都是伴随着人类的社会历史实践产生的，精神文化通过物质文化来体现，决定物质文化发展的性质和方向；物质文化对精神文化提供体现载体，能够激发精神文化进行相应的完善和发展。无论精神文化还是物质文化，都具有继承、发展的特点，在一定历史条件下，都具有相对的稳定性。根据文化的源流、性质还可以把文化分为原生文化、次生文化，主文化、亚文化等（见图 4-1）。

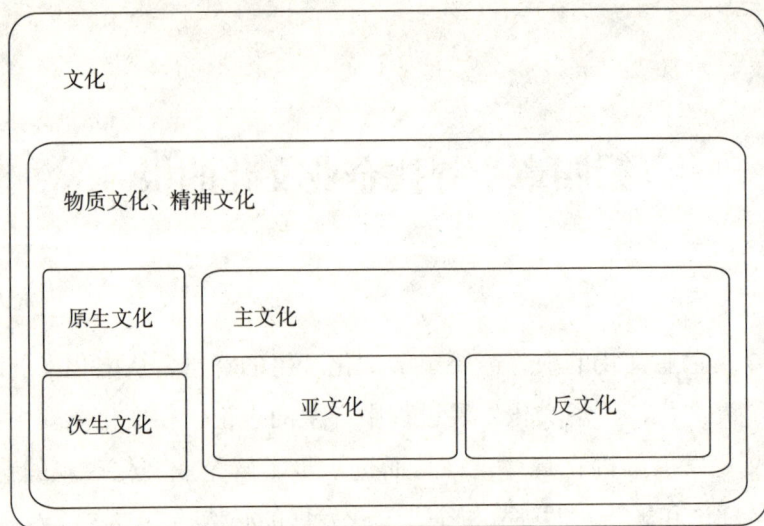

图 4-1　文化类别示意图

　　根据文化的产生过程，可以把文化分为两部分，即原生文化和次生文化，中国文化是唯一由第一代文化延续下来的原生文化。

　　（一）原生文化在世界多数古文明发源地的消失

　　在古巴比伦、古埃及、古印度都曾经产生过灿烂的文化，但都随着外来民族的入侵而消失，逐渐被别的文化所替代。

　　古巴比伦文明又称两河文明（幼发拉底河、底格里斯河），两河流域的新石器时代距今约 10000 年，并在公元前 4000 年至公元前 3000 年，由史前文化转向历史文化（公元前 3000 年，苏美尔人就发明了楔形文字）。公元前 539 年，波斯人侵占新巴比伦王国，成为两河流域文明的转折点，标志着两河流域文明的结束。其后希腊人取代波斯人（与中国西周至春秋、战国时代平行），罗马人取代希腊人，就这样，曾创造出人类最早的灿烂文明的诸民族，在外族统治下逐渐销声匿迹（犹太族除外），一个伟大的文明无可挽回地被历史所埋葬。

　　古埃及人的文明大致与两河流域文明同步，约在公元前 3500 年，就有了图画似的象形文字，并在公元前 3100 年进入了文明阶段。国家形态出现后，约有 2500 年始终保持着国家的大统一，共建立了 31 个王朝，创造了灿烂的文化，自然科学以天文学和几何学成就最高。木乃伊制作、金字塔修建都表明了古埃及在医学、建筑学方面的成就。到了公元四世纪时，在希腊人和罗马人的统治下，埃及已丧失固有文化，成为世界上最主要的基督教国家，希腊文取代了象形文字，古埃及历史宣告结束。公元 639 年，随着阿拉伯人的征服，在埃及推行"阿拉伯化"，1517 年被土耳其人征服，成为奥斯曼帝国的行省，埃及成为伊斯兰文化圈成员，古埃及文化被彻底埋葬，成为人类历史上又一个失落的文明。

古印度也曾有灿烂的古代文明。公元前 2000 年前后创造了灿烂的印度河文明。古代印度是神话之邦，宗教、哲学异常发达，是一个佛陀与梦幻交织的世界。公元前 1500—1000 年时就有文字作品《吠陀》（基本上是宗教文学）。公元前四世纪崛起的孔雀王朝开始统一印度次大陆，产生了巴腻尼编著的梵文文法书，附有包括 2000 个字根的词汇，这是世界上最古老的一部文法书。但到 6 世纪，由于嚈哒（中亚古族名、国名，自称白匈奴）人的入侵，古印度最后一个奴隶主王朝笈多王朝已经不存在了。后来，嚈哒国家又被突厥、伊朗所灭。伊朗、阿拉伯、突厥相继占领时期，强迫信奉伊斯兰教，古印度文化一蹶不振。

公元 5 世纪到 15 世纪，是欧洲的所谓"黑暗的中世纪"时代，发生了民族大迁徙和文明大倒退。直到 15—17 世纪，出现了"文艺复兴运动"，也就是古典希腊、罗马"文化学术再生"。文艺复兴运动成为由中世纪向近现代文明过渡的桥梁，由此而产生的文化，也就是所谓的"次生文化"。

（二）中国的原生文化

中国没有出现上述情况，第一代文化一直延续下来，并逐渐得到了进一步的完善和发展。即"3000—4000 年之间，主权（按指政权）有转移，而国家初未亡灭也"（柳诒徵《中国文化史·诸论》）。

中华文化的源头，向前一般追溯到四五千年前的"五帝时代"，也就是新石器时代晚期。这之后中国文化经过不断完善、发展，虽有外族入侵，但文化却完好地保存下来了，如元代、清朝等都是以小部落、小邦国统治大中国，不仅要尊汉文化，而且反过来被汉文化所同化。因此，几千年来的中国文明历史绵延不绝，可以说在世界人类历史上是独一无二的。

中国文化能成为世界上唯一的原生文化延续下来的原因，一方面中国文化起源的范围，是其他几个古代文明起源地域的数倍；另一方面，也和中国文化的非宗教倾向有很大关系。由于中国文化发生的地域广大，建立在多民族融合的基础之上，故祭祀中的两大类神灵——自然神（天地山川，名渊大泽等）及祖宗神，为数众多，呈现多神教。多神往往导致无神（没有一个共同崇拜的神）。这样一来，对于外来宗教（如佛教），也就没有占据主导地位时的客观环境，事实上被中国传统文化所改造和融合。由于中国文化的非宗教倾向，也避免了如西方的长时间的宗教纷争甚至宗教战争，有利于文化的相对稳定性、连续性和包容性。

到这里，有些胆寒了。原本以为表面斯文雅致的"文化"一词，不仅仅表现在企业内部的推诿、扯皮，表现在企业之间的兼并、吞没和破产，还存在着血腥的杀戮和灭绝。智者以教训防止流血，愚者以流血买来教训！人类算是智者，还是愚者？！作为生活在现实的我们呢？作为企业的管理者，在进行企业文化的建设、完善和发展当中，我们又有何启示呢？

在中国，可以有文化并存的现象，在西方，虽然一种文化盛行，但同时也杜绝不了其他文化的存在，在美国的白人社会里，同样有黑人的存在。在多种文化并存时，总有一个居于支配地位，这种文化就叫主体文化或主文化，主文化又叫主流文化或优势文化，一般指在某一特定的社会领域中占主导地位，并为该领域多数人所接受的价值观念和规范体系。

　　与主文化相对应，主文化以外的、居于附属地位的其他价值观念和规范体系可以称为亚文化，我们称为团队文化——同是一个团队的文化。团队文化是社会文化的一部分，团队文化的成员们共同分享一些显著与其他团队文化不同的规范、价值、信仰和态度的文化模式，并且对此加以认同。

　　团队文化一般在总体上与主流文化相一致，当团队文化处于与主文化相对立的地位时，它就成了反文化。反文化是指一种否定和排斥一定社会形态中主流文化的文化，如美国社会中的嬉皮士文化，等等。反文化与团队文化是有区别的：团队文化在总体上与主流文化是一致的，反文化则是在主体文化之外别树一帜，团队文化是对主文化的补充，而反文化与主文化是有对抗性的。

　　不同团队文化中的个体，由于受到所在社会的文化熏陶，潜移默化、不知不觉间接受了一些基本的假定前提和价值观念，由于这些东西从未受到过挑战，因此默认它们是理所当然，不容置疑的当他们走到一个陌生的社会，发觉那里的生活方式与当事人自己既定的假设大不一样时，经常会产生一种很不舒服的感觉，甚至在心灵上产生很大的激荡，这就是文化震荡。文化震荡的程度，一方面受文化差异的程度影响，文化差异越大，震荡越大；另一方面受个人的背景因素影响，个人所学的文化越单纯，过去接触其他文化的经验越少，文化震荡越大。反文化间的个体很容易产生文化激荡，这往往受到我族中心主义的影响。

　　所谓我族中心主义，就是以自己的民族或群体的文化为标准来评价其他文化，并认为自己的文化是正确的，别人的文化是错误的。我族中心主义是一种普遍的社会心理倾向，因此也可以讲这是一种文化通象。

　　除了团队文化和反文化以外，在实际生活中，也会存在处于两个以上截然不同文化夹缝中的人，性格别具特色，但还未形成团队文化，我们称之为边缘文化，又称边缘人。之所以有边缘人，是因为文化可以塑造性格，双重文化自然就熏陶出双重性格，曲高和寡、高处不胜寒之人往往都是边缘人。

二、探究企业文化

作为社会文化的亚文化，企业文化的发展、特点还会受到企业自身发展的特点和内在规律性影响，并为企业发展服务。因而探究企业文化不仅仅需要了解文化的发展规律性，还需要了解企业的自身特点和发展要求及内在规律性（见图4-2）。

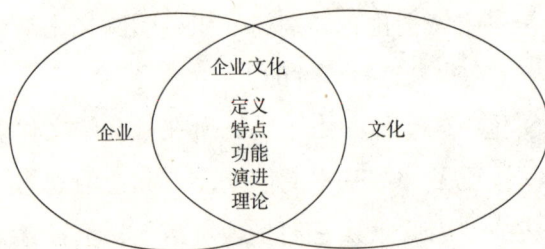

企业文化
定义
特点
功能
演进
理论

企业　　　　文化

图 4-2　企业、文化与企业文化

企业起源于对低成本交换的追求，是商品经济发展到一定阶段的产物，随着商品生产的发展而发展。对于企业的定义，不同学者从不同的角度都有自己的看法。综合来说，企业是通过从事生产、流通、服务等基本经济活动，并提供产品或服务来满足社会需要、获得相应利润，从而追求自己的赢利性目的、进行独立核算的依法设立的经济组织。

（一）企业的特点

从企业的定义可以看出，企业有以下几个特点：

（1）企业具有商品性的特点。企业是商品经济发展到一定阶段的产物，作为国民经济的细胞，企业需要提供具有实用价值的产品或服务，为社会创造财富的同时，获取相应的利润。

（2）赢利性是企业的目标。企业是以赢利为目的的经济组织，其追求的就是利润最大化，并独立核算、自负盈亏、自主经营。

（3）企业在实现自身目标的同时，也要承担起社会责任。企业是一个市场性组织，是最重要的市场主体。

（二）企业文化的定义

企业文化作为社会文化的亚文化团队，它具有文化和企业的特点，和文化的概念一样，对于企业文化的定义，中外学者从不同的角度，给出了300个以上的定义，本书沿袭广义的文化概念，结合企业的定义和特征。本书认为，企业文化是企业从事生产、流通、服务等基本经济活动，提供产品或服务的过程中所创造的物质财富和精神财富的总和。企业的精神文化和物质文化同样是伴随企业的生产、流通、服务等基本经济活动，在提供产品或服务的过程中产生的，精神文化通过物质文化来体现，决定物质文化发展的性质和方向；物质文化对精神文化提供体现载体，能够激发精神文化进行相应的完善和发展。无论企业的精神文化还是物质文化，都具有继承、发展的特点，在一定历史条件下，都具有相对的稳定性。

（三）企业文化特点

1. 原生文化和次生文化

在企业文化的发展过程中，由于会受到各种外在文化环境的影响和内在文化的交织发展，也会因为各自的特点，会对自身企业文化进行不断的修正和完善，有的企业一直保持着原生主流文化，有的企业则是次生文化，甚至是次次生文化。

2. 主流文化、团队文化与反文化

和社会文化一样，在一个企业内部，由于每个员工存在教育背景、性格特点、职业素质等多方面的差异，会存在多种文化并存的现象，也会存在居于支配地位的文化，这种文化就叫主文化，主文化又叫主流文化或优势文化，主流文化一般在企业里占主导地位，并为企业多数人所接受的价值观念和规范体系。

与企业的主流文化相对应，企业里同样存在居于附属地位的其他价值观念和规范体系，即团队文化，团队文化是企业文化的一部分，团队文化的成员们共同分享一些显著与其他团队文化不同的规范、价值、信仰和态度的文化模式，并且彼此加以认同。

在一个企业里，企业团队文化的形成原因主要是因为性格差异、职业类型、地区差异等。位于相同的社区，有相同的爱好，经常去相同的餐馆，来自同一个地方，等等，都有可能形成各自有不同的团队文化。每个企业都会有多种文化组成，企业中的员工个人会在一个以上的团队文化中发挥作用。

团队文化一般在总体上与主流文化相一致，对主流文化进行补充，当团队文化处于与主文化相对立的地位时，它就成了企业的反文化。

同样，企业内部也存在边缘人，特别是专业性较强领域的顶尖人才，因其专业的独特性造就了其曲高和寡，若在本领域有所造诣，就更加鲜有知音了。在进行企业文化管理时，尤其值得注意。

3. 文化震荡

企业中不同团队文化中的个体，也会和其他团队文化的个体存在一些不同的基本假定前提和价值观念，由于这些东西从未受到过挑战，因此默认它们是理所当然，是不容置疑的，当它们走到一个陌生的社会，发觉那里的生活方式与当事人自己的这些既定假设大不一样时，经常会产生一种很不舒服的感觉，甚至在心灵上产生很大的激荡，也会在企业里产生文化震荡。企业文化震荡的程度，一方面受文化差异的程度影响，文化差异越大，震荡越大；另一方面受个人的背景因素影响，个人所学的文化越单纯，过去接触其他文化的经验越少，企业文化震荡就越大。企业内部也会存在我族中心的现象，使得企业反文化的个体很容易产生文化激荡。

为了减少或避免企业文化震荡的发生，就要求在进行企业文化的顶层设计时，要考虑到这些因素。往往一个企业的主流文化决定了本公司的发展壮大，甚至是生死存亡，本章后面的案例就说明了这一点。

4. 企业文化与心理契约

企业文化是企业在长期的生产经营活动中逐步形成并为全体员工所认同，是带有本企业特色的价值取向、行为方式、经营作风、企业精神、道德规范、发展目标和思想意识的总和。它是将企业所处环境的传统文化精粹与当代先进的管理思想和策略相结合，为企业员工构建的明确价值观和行为规范，能够指导并且作用于企业经营管理的管理哲学。

企业文化的基本特征之一就是企业与员工的认同性。它是企业与员工的心理契约，是得到企业上下所认可或默认的，是当事者自己能够贯彻执行的承诺和认可的价值理念，所以说企业文化是一种契约性的文化。

企业文化在形成、产生的过程中，是以契约性为主导的，包括企业的精神建设和物质建设。企业的设立规则和程序直接表现为契约性，这也是企业文化建设的发端；企业在经营管理和持续发展的过程中，企业的各项工作诸如管理制度、岗位职责、用工合同等也是用契约的方式来完成的；在契约的基础上，企业与各利益相关者对规定的内容、条款共同讨论、认可，形成一致的价值理念，并共同承诺为实现共同的目标而尽心尽力，这种承诺是双方在自愿的前提下，具有双方各自内在的积极性，因而是平等的，是要无条件去实现的。所以说，企业文化从产生、形成，以至在不断提炼、完善的过程中，契约性一直贯穿始终。

5. 企业文化的功利性

企业文化是企业从事生产、流通、服务等基本经济活动，提供产品或服务的过程中产生的，从某种意义上来说，它是企业管理的工具，为企业获取最大化利润服务，具有相应的功利性。

（四）企业文化功能

企业文化作为社会文化的亚文化，同时又是企业的高级管理工具，一般具备以下基本功能和作用：

1. 导向功能

企业文化能对企业整体和企业每个成员的价值取向及行为取向起引导作用，具体表现在两个方面：一是对企业成员个体的思想行为起导向作用；二是对企业整体的价值取向和行为起导向作用。这是因为一个企业的企业文化一旦形成，它就建立起了自身系统的价值和规范标准，如果企业成员在价值和行为取向上与企业文化的系统标准产生悖逆现象，企业文化会进行纠正并将之引导到企业的价值观和规范标准上来。

2. 约束功能

企业文化对企业员工的思想、心理和行为具有约束和规范作用。企业文化的约束不是制度式的硬约束，而是一种软约束，这种约束产生于企业的企业文化氛围、群体行为准则和道德规范。群体意识、社会舆论、共同的习俗和风尚等精神文化内容，会造成强大的使个体行为从众化的群体心理压力和动力，使企业成员产生心理共鸣，继而达到行为的自我控制。

3. 凝聚功能

在企业这个群体中，个体虽说有相对独立性，但也绝不是可以超越群体而孤立存在的单个人。他在企业中必定同别人发生联系，结成一定的关系；若从企业原本即是以专业化协作为基础的社会化、现代化生产单位来说，企业中的任一单个个体离开集体，就将是寸步难行。个体对群体事物的参与，通过在企业的实践活动，发挥自己的作用，做出自己的贡献。同时，企业群体又迫切需要每一个人的奋发、努力；因而，不时地对个人归属的认同、鼓励、赞扬和支持。这就是一个由归属（凝聚）观念——归属（凝聚）行动——归属（凝聚）结果（即个体与群众相互认同、肯定）的过程。

企业文化的凝聚力功能包含有一种情感机制。企业文化讲究尊重个人感情，能造成一种亲密、友爱、信任的企业气氛。在这种条件下倡导集体主义，满足员工的社会性心理需要，就会使人们改变原来只从个人角度出发建立的价值观念，树立一种以企业为中心的共同价值取向、道德标准和整体信念。它通过共识，使人们认识自己在企业中的价值与作用，当员工意识到自己受到尊重和信赖时，就必然潜意识地对企业产生一种强烈的向心力、凝聚力，增强企业意识。具有强烈企业意识的员工，会自愿自觉地把自己与企业融为一体，形成强烈的主人翁感、责任感和使命感，有一分热发一分光，竭尽全力帮助企业成功。这样，由企业文化所产生的强烈的企业共同意识成为一种强有力的凝聚力，把企业全体成员的力量凝聚成一种合力，就使由个人行为构成的企业行为协作系统产生出最大的功效。

企业文化的凝聚功能还包含有一种向心力机制，即向一个中心点集聚的机理。企业文化的凝聚功能是指当一种价值观被企业员工共同认可后，它就会成为一种黏合力，从各个方面把其成员聚合起来，从而产生一种巨大的向心力和凝聚力。从个人和企业的价值实现角度来讲，企业在事实上都是一个利益共同体、命运共同体，每个个体都生活在同样一个群体之中，受这一群体特定企业文化的陶冶，都必然产生对这个群体的一种内向心理。当某个工厂的员工说"厂兴我荣，厂衰我耻"时，他心目中的这个厂，首要的是他自己所在的工厂；当某个员工说"爱厂如家"的时候，他在心底里首要盼望的当然是他工作所在的那个"厂"能像他的"家"一样温暖、可爱。这都表明，在长期特定企业文化氛围中生活的工人的向心心理，这也表明企业文化的内聚功能和作用之大。

4. 激励功能

激励是基于企业内外环境的刺激和影响，而诱发起人这个有机体产生的一种自勉力、发奋进取精神，以及推动人们献身事业的责任感和行为。人们的这些精神和行为状态，对实现自我目标和企业目标有着极大的强化、激发和推动作用。

一般地说，具有良好企业文化与企业精神的组织集体，企业内的小环境比较和谐，人们都有执著的事业追求和高尚的道德情操，那种彼此之间互不服气，为权力、为奖金、为工资争斗的现象比较少，他们能把对企业的发展与自己的成就密切连在一起。

企业文化内涵的经营宗旨和经营战略目标，一般是属于企业高层次的经营理念，带有较强的精神性、理想性的激励作用。特别是在竞争中的优胜者和英雄模范人物，能成为企业文化建设的一面旗帜，使人们学有方向，赶有目标，发挥榜样激励作用。

企业文化具有使企业成员从内心产生一种高昂情绪和奋发进取精神的效应。企业文化把尊重人作为中心内容，以人的管理为中心。企业文化给员工多重需要的满足，并能对各种不合理的需要用它的软约束来调节。所以，积极向上的思想观念及行为准则会形成强烈的使命感、持久的驱动力，成为员工自我激励的一把标尺。

5. 品牌功能

企业品牌形象是企业经济实力和企业文化内涵的综合体现。企业如果形成了一种与市场经济相适应的企业精神、发展战略、经营思想和管理理念，即企业品牌，不仅能能产生强大的团体向心力和凝聚力，激发员工的积极性和创造精神，还能形成增强企业的品牌力，促进组织目标的实现。

（五）企业文化发展及其理论

企业文化作为一种组织文化，是历史文化、民族文化和社会文化在企业的影射、积淀与发展。我国的企业文化萌芽于春秋时期以儒商文化为主的商业理论，历经唐、宋、元、明、清等各朝代漫长的历史发展过程，在我国近代的民族工业中，特别是改革开放以来的经济发展中得到迅速发展。

1. 中国古代企业文化理论

白圭在总结先秦士人经商的成功经验的基础上，提出了"人弃我取，人取我与""能知取与，是为行仁"和"智、勇、仁、强"的经商四德"治生之学"，为古代商业经营提供了有效的管理方法与考核标准，同时为中国工商企业文化的发展奠定了理论基础。

先秦以后，司马迁对秦汉儒商文化进行了总结，认为"富者，人之情性""天下熙熙，皆为利来；天下攘攘，皆为利往"，求富趋利不仅是整个社会与人生追求的目标，而且是仁义道德的基础。到唐宋时期，经济繁荣，人心思富，儒商队伍不断壮大；明清阶段，儒商思想进一步升华，商人地位逐步提高，其时，商业文化更为丰富。清末民初，"中学为体，西学为用"的洋务运动兴起，引进了西方的科学技术与管理，促进了民族工业的发展。

2. 当代企业文化的发展

新中国成立后，企业文化作为社会文化的团队文化，受当时国情的影响，以"鼓足干劲，力争上游，多快好省地建设社会主义"为理念，培养了像"大庆""鞍钢""石圪节煤矿"和石油工人王进喜、北京百货大楼张秉贵与太钢工人李双良等先进典型，创造了"两参一改三结合"的"鞍钢宪法""三老四严"和"四个一样"的大庆精神及"自力更生，艰苦奋斗"的"石圪节精神"等在企业文化管理方面，形成了鲜明的政治意识、主人翁意识、艰苦创业意识等。

3. 企业文化理论的系统化研究

企业文化理论源于美日比较管理学热潮的兴起。企业文化理论的形成，起源于日本经济的崛起和美国的思考所引起的美日管理学的比较。第二次世界大战以后，美国成为世界头号经济强国，而日本作为战败国政治、经济、文化都曾受到严重打击，几乎到处都是一片废墟，百废待兴。就是这样的现状，在不足 20 年的时间里，日本不但赶上了西方发达国家，而且一跃成为世界第二经济大国，创造了 20 世纪世界经济的一大奇迹。美国人在震惊之余开始思考日本人凭借什么来实现经济的恢复和崛起？是什么力量促使了日本经济的持续、高速增长？美国的经济增长速度为什么会远远低于日本？20 世纪 70 年代末、80年代初，美国派出了由几十位社会学、心理学、文化学、管理学方面的专家学者组成考察团，赴日本进行考察研究。沃格尔在谈到研究日本的目的和意义时，明确表示"是为了促进美国的复兴"。

美国专家学者的考察结果表明，美国经济增长速度低于日本的原因，不是科学技术落后，也不是财力、物力缺乏，而是因为美国企业的管理与日本企业的管理之不同。其中更深层次的原因，则是两国的文化差异，日本经济的崛起和腾飞，内在原因是在日本企业内部有一种巨大的精神因素在起作用，这个内在因素就是日本的企业文化、企业精神。

20 世纪 80 年代以来，美国管理界接连出现四部关于企业文化的重要著作，被称为企业管理新潮流的"四重奏"（见图 4-3）。

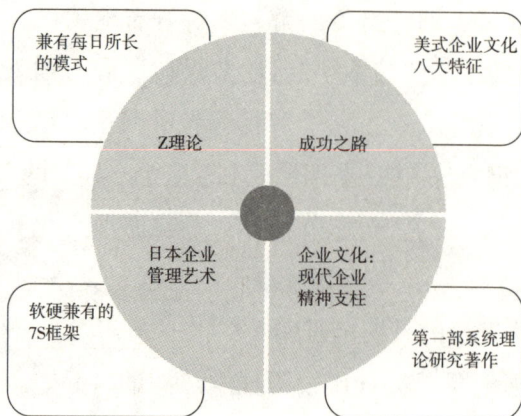

图 4-3　美国企业管理新潮流"四重奏"

《Z 理论——美国企业怎样迎接日本的挑战》在美日企业文化管理的对比基础上详尽剖析了美国"A 型"模式和日本"J 型"模式的特点，进而为美国企业勾画了一个兼有美日所长的"Z 型文化"新模式：长期或终身雇佣制；长期考核和逐级晋升制；培养能适应各种工作环境的多专多能人才；集体研究与个人负责相结合的决策；树立员工平等观念；企业以价值观为首要目标。

《日本企业的管理艺术》的最大贡献在于提出了企业成功不可忽视的七个变量（"麦肯锡 7S 框架"），即战略、结构、体制、人员、作风、技能、共同的价值观，这 7 个方面是导致企业成功不可缺少的因素，其中战略、结构和体制是"硬"性的；作风、人员、技能和共同的价值观，则是"软"性的，认为美国企业比较重视前者，日本企业则特别重视后者，注意到"来自我们社会内部价值观转变的挑战，这种转变使人们对企业抱有另外的期望，并想从工作本身寻求另外的意义"，日本企业充满活力并人文色彩浓厚的根源即在于此。

《企业文化——现代企业的精神支柱》是第一部把企业文化作为系统理论加以研究的著作。作者认为，企业文化理论体系包括企业环境、价值观、英雄人物、仪式和文化网络等五要素，其核心是价值观。书中响亮地提出了"杰出而成功的公司大都有强有力的企业文化"的命题。全书从企业表层外部环境到中层组织系统、企业制度再到深层价值观念和心理态度，作了生动而全面的阐述，有较强的权威性。

《寻求优势——美国成功公司的经验》通过对全美62家最成功企业的调查和经验总结，作者归纳出美式企业文化八大特征：乐于采取行动，接近客户；自主和企业家精神；通过发挥人的因素来提高生产率；领导身体力行，以价值准则为动力；发挥优势，扬长避短；简化组织结构与层次；宽严相济，张弛结合。这8条似无惊人之处，但无疑都是以人为中轴的，彼得斯后来将上述八原则进一步提炼成三项："面向客户""不断创新"和"以人为核心"足以说明这一点。

这几本书以其全新的思路、生动的例证、独到的见解和精辟的论述，阐述了企业文化的理论。其后，日本和西欧各国也纷纷致力于企业文化的研究，由此逐渐促进了企业文化理论的形成和发展。

三、团队文化管理的必然趋势

文化管理是与社会经济发展水平相联系，是社会经济发展到一定阶段才会出现的，也是管理理论和实践不断发展的必然结果，是现代科学技术革命的产物。随着社会经济向更高形式的进步和发展，随着企业文化的管理现状和种种不如意之处的显现，正在呼唤新的企业文化管理模式，团队文化日趋成为企业文化管理的必然（见图4-4）。

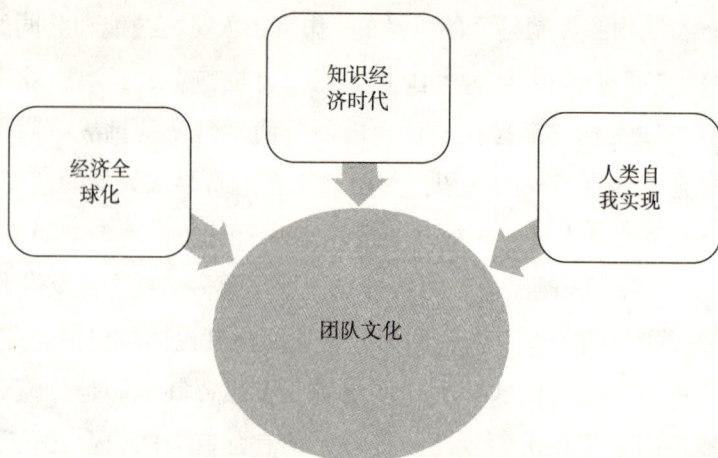

图 4-4　团队文化的必然

（一）经济全球化和跨国公司的发展需要团队管理

经济的全球化催生了跨国公司的迅猛发展，企业的分支机构越来越多，其跨地域性也越来越突出。无论交通和信息如何发达，公司总部对各分支机构也无法实施全面到位的管理。在这种情况下，传统的管理模式根本无法发挥效力。要想把分布在全球的集团成员企业——分公司、子公司、控股公司、参股公司、加盟公司、联盟公司等形形色色的地域不同、语言不同、文化不同的关系企业凝聚在一起，无论是强大的资本纽带还是完善的管理制度都不可能达到目的，唯一的办法就是导入团队文化管理，把共同的文化贯穿到企业的经营管理之中，通过共同的企业价值观、共同的目标和信念、共同的行为模式、共同的视觉识别系统等公司的主流文化和各分公司、子公司、控股公司、参股公司、加盟公司、联盟公司等形形色色的亚文化进行有效的融合才可能使整个企业融为一体。

（二）知识经济时代呼吁以人为本的团队管理

20世纪70年代掀起了新的科技革命浪潮，信息技术和信息产业在这次科技革命中起到了"火车头的作用"，从而使科技知识空前地增长、传播和转化，对世界各国经济增长方式以及国际经济竞争都发生了深刻而巨大的影响，知识经济迅速兴起。在知识经济时代，一方面，知识日渐成为企业经营活动中最重要的资源，人对知识的掌握和驾驭以及由此而带来的企业创新，使得人在经济活动中的地位和作用比以往任何时候都更加突出和重要；另一方面，人的思维方式、价值观念也发生了巨大的变化，人的自主性、个性化、自我价值实现的愿望等应得到充分尊重和鼓励。这些都促使企业在管理中把对人的关注、人的个性和能力的释放、人的积极性的调动推到了空前的中心地位，"以人为本"的管理得到了空前的强化。因此，以人为本的团队管理也就成为与知识经济时代相匹配的新型管理模式。

（三）人类自我实现需要团队文化管理

1943 年，美国人本主义心理学家马斯洛在《人类动机理论》一书中提出了"人类基本需要层次论"，认为人类有五种基本需要，并且是以从低级到高级的层次形式表现出来，即生理需要、安全需要、社交需要、尊重的需要和自我实现的需要。如今随着社会经济的发展，人们已经解决了生理和安全的需要，面临着更高层次需要的满足，开始向往精神需要。人们工作不再单纯为了经济利益，而对企业抱有另外的期望，想从工作本身寻求另外的意义，实现自身的价值。工人们对企业提出了参与管理、从事有意义的工作、接受继续教育和满足个人特殊需要等要求，人们在工作之余还需要丰富的文化活动和社交活动，这种"超经济超安全要求"要靠文化来满足。企业为了满足这些需要以达到激励员工获得竞争优势的目的，就必须转变管理方式，建设企业文化，实施团队管理。

团队文化是企业文化发展到新的阶段的必然，团队有哪些特点，如何打造团队文化则成为我们进一步探讨内容的必然。

案例：起死回生——企业文化的力量

2010 年 1 月 19 日，被认为"民族的骄傲"、当时亚洲规模最大、世界第三大的日本航空公司正式申请破产保护，消息一出，世界哗然，这意味着一家服务了近60年的航空公司即将消失、5万人面临失业……

就在同一天，一位从未涉足航空业的78岁老人——稻盛和夫，决定接受时任日本首相鸠山先生之邀，"我们要为了日航员工的幸福一起努力"。

稻盛和夫，日本两家世界500强公司（京都陶瓷株式会社、第二电电株式会社）的创始人，与松下幸之助、盛田昭夫、本田宗一郎并称为日本四大"经营之圣"。他以"敬天爱人"为主旨的经营哲学，以及独特的"阿米巴经营"享誉日本。

对于从未涉足航空业的一位78岁老人，即便业绩显赫，很多人认为其一定"晚节不保"。即使是稻盛和夫本人，他自己也坦白地承认：在决定接手日航之时他并非外界传说的那般意气风发，真实状态是——"其实很苦恼，想了几个星期，心里确实有些动摇"。

最终促成稻盛下定决心的，是他的价值观——帮助别人，为社会做些事情，是最重要的。也因此，在宣布接手日航时，他的说辞显得"特别"——没有像一般拯救者那样高呼要为企业的重新崛起而努力，而是直白地说：我是为日航员工的幸福而来的。

"为员工"，就是这简单的三个字，却拥有无法想象的感召力。

2010年2月1日，稻盛正式就任日航会长，他说："实现新的计划关键就在于一心一意、不屈不挠。因此，必须聚精会神，抱着高尚的思想和强烈的愿望，坚忍不拔干到底。"这段话被做成标语牌挂在日航各个办公场所，同时公司报纸上也在头版刊载。

接下来，稻盛便通过各种方式向日航人灌输他的经营哲学……

2012年9月19日，日本航空公司（JAL）在东京证券交易所再次上市。稻盛和夫先生在东京的外国记者协会，亲身讲述了拯救日航的全部秘密。

日航之所以能够走出困境重新上市，是因为在短短的2年多时间里，公司风气改变了，员工的意识改变了，员工发自内心地与公司同心同德同努力。所以，我要感谢我们的员工，是他（她）们辛勤的努力，才拯救了自己的公司。这才是日航获得重生的最大秘密。

这就是企业文化的力量，能够起死回生的力量。

本章小结

1. 企业文化是企业从事生产、流通、服务等基本经济活动，提供产品或服务的过程中所创造的物质财富和精神财富的总和。企业的精神文化和物质文化同样是伴随企业的生产、流通、服务等基本经济活动，在提供产品或服务的过程中产生的，精神文化通过物质文化来体现，决定物质文化发展的性质和方向；物质文化对精神文化提供体现载体，能够激发精神文化的进行相应的完善和发展。

2. 为了减少或避免企业文化震荡的发生，就要求在进行企业文化的顶层设计时，要考虑到这些因素。往往一个企业的主流文化决定了本公司的发展壮大，甚至是生死存亡，本章后面的案例就说明了这一点。

3. 文化管理是与社会经济发展水平相联系，是社会经济发展到一定阶段才会出现的，也是管理理论和实践不断发展的必然结果，是现代科学技术革命的产物。随着社会经济向更高形式的进步和发展，团队管理模式也必然会成为与之相适应的企业文化管理模式。

第五章　团队与文化

中国有一句俗语："物以类聚，人以群分"，也因此而形成了形形色色的团队。如今，几乎每个人都有属于自己的一个或者多个团队，团队里的人或有着相同爱好、兴趣或者为了某个特定目的而联系在一起，这也是社会经济发展到一定阶段的产物。

在一家企业，也一样出现了各种各样的团队，几乎每个员工都有属于自己的一个或者多个团队，他们或是因工作联系产生的职业团队，或是因共同的爱好、兴趣等生活联系形成的生活团队。他们相互并存、互相交融。如果把这样的多彩多姿的小团队用共同的价值观黏合起来，无疑会形成具有巨大凝聚力的企业大团队。

一、交互变化的团队

（一）团队的产生

远古时代，人类因生存而必须依赖群体，这不仅仅包含了人类互相用体温取暖、抵御猛兽袭击、共同狩猎取得食物的基本生理需要，更包含了人类逃避黑暗、逃避恐惧、逃避自然灾害袭击等的心理需求。

随着人类的不断进步，人类由群居生活逐渐走向相对独立，由原始的蛮荒时代走向了文明的时代，生理上对群体生活的原始期求似乎摆脱了，但是人们在心理上对群体的依赖却似乎丝毫没有减轻，反而加重了。

如果我们把人类身上这种对群体的简单而又根深蒂固的依赖，叫做群性的话，那么群性则是人类的共性，或许这正是人类自远古以来形成的生理、心理上对群体的依赖所致。从团队的共性与个性而论，不同的国度，不同的人种，还存在着"大团队的个性"和"小团队的共性"。

所谓不同国度间"大团队的个性"是指不同的国家和民族，由于民族文化、气质、意识形态的不同，在民族内部所组建的一些较能显示民族特性的大团队，不同的民族、国度之间，是不同的，这是个性的区别，由于具有共同的民族文化、气质和意识形态，这反映了小团队的共性。例如：日本人是个典型的A型血民族，有着极强的团队精神，这是举世公认的；欧美民族，尤其是美国人，是典型的O型血民族，强调自由和个人空间，他们喜欢聚在一起，组建各种公益组织，如环境保护协会、动物保护协会等；对于一个日本人牺牲个人成全集体的思想，难以在欧美大面积地获得认同；对于欧美民族为保障个体利益实施的伙伴式合作思维，也是同样难以在日本大面积的人群当中，获得思想上的统一。因为，一个民族，毕竟是以其文化为基础的，大面积人群思想上对同一事务及思想的认同，决定于民族文化积淀中的基础思想意识观。

反映到企业，企业内部也会形成各种各样的团队，其中"大团队的个性"则反映了该企业的主流文化，是指不同的企业，由于企业文化、核心价值观、经营理念的不同，在各企业内部所形成的较能显示该企业特性的主流文化，不同的企业之间，是不同的，这是个性的区别。在一家企业内部，他们有共同的核心价值观和经营理念，这是小团队的共性反映（见图5-1）。

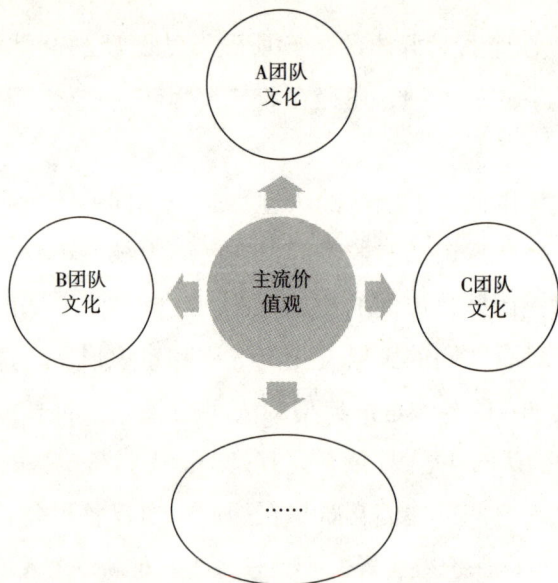

图 5-1　主流价值观影响下的团队文化

（二）团队的类别

根据团队形成的目的或依据来分，团队有多种多样的分类，比如：

1. 各种以兴趣爱好或技能为纽带组织起来的社团（见图 5-2）

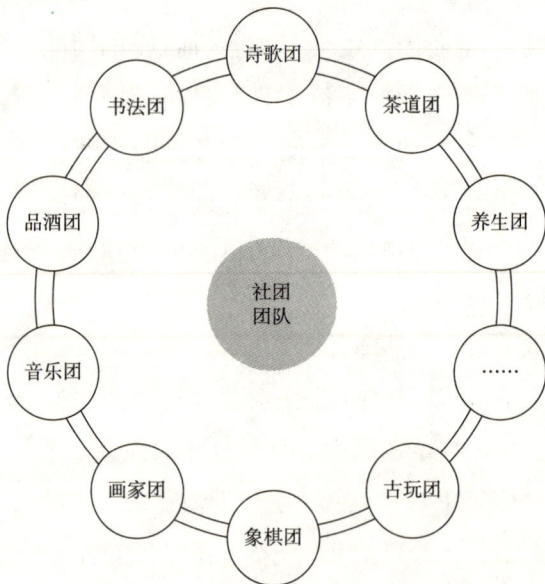

图 5-2　社团团队示意图

2. 以相同的血缘、地理、文化背景和生活经历为基础组织起来的团体

如家族、同乡会、同学会、同事会、校友会、东盟、欧盟、北美贸易联盟等。

3. 以商业、事业共同性组织起来的组织

如各种商会、行业协会、各种俱乐部等，如中国企业家俱乐部、长安俱乐部、京城俱乐部、阿拉善生态联盟等。

（三）团队作用

1. 环境的熏陶影响

泥土因为靠近玫瑰，吸收了它的芬芳，从而也能散发出芬芳的香气、给人带来玫瑰的香味。

德国行为学家海因罗特在实验中发现一个十分有趣的现象：刚刚破壳而出的小鹅会本能地跟随在它第一眼看到的自己的母亲后面，但如果它第一眼看到的不是自己的母亲，而是其他活动物体，比如一条狗、一只猫或一个玩具鹅，它也会自动地跟随其后。尤为重要的是，一旦这只小鹅形成了对某一物体的跟随反应，它就不可能再形成对其他物体的跟随反应了。这种跟随反应的形成是不可逆的，也就是说小鹅只承认第一，而无视第二。这种现象后来被另一位德国行为学家洛伦兹称之为"印刻效应"。"印刻效应"在人类的世界里其实也并不少见，在团队里更为常见。

这就是团队内环境的熏陶作用。"近朱者赤近墨者黑""鸟随鸾凤飞腾远，人伴贤良品自高"——与谁为伍将决定你的命运！犹太经典《塔木德》里有句话："和狼生活在一起，你只能学会嗥叫，和那些优秀的人接触，你就会受到良好的影响。"经常与酗酒、赌博的人厮混，你不可能进取；经常与钻营的人为伴，你不会踏实；经常与牢骚满腹的人对话，你就会变得牢骚满腹；经常与满脑"钱"字的人交往，你就会见利忘义；和傻瓜生活，整天吃吃喝喝；和智者生活，时时勤于思考。

（四）提供丰盛的资源和机会

熟人好办事。有好的资源和机会，我们会首先考虑最亲密的人。共处一个团队，产生了感情，就解决了信任的问题。同一团队里的人思想水平和境界差不多，沟通起来顺畅，减少了沟通成本，方便合作。而且有很多宝贵资讯和资源只针对内部成员开发，团队外的人根本不能触摸到这些资讯和资源。

（五）情感归属

和一群有相同志趣爱好或文化基础的人在一起，可以让我们的心灵得到栖息，消除或减少孤独和寂寞感。生活内心不孤独，世上行走不孤单。

1. 团队之间的交互作用

不同团队之间的交互作用在企业管理和日常生活中，也显得十分重要。同样是同事团，如果他们之间同时还是好友团甚至是闺蜜团，则他们在工作中的相互配合将会比一般的团队成员更加有力，他们可能会因此而成为事业伙伴，也有可能会因此而进一步成为利益交合的利益团。

2. 团队的转化升级

不同的团队之间在特定的条件下可以相互转化，如某个好友团的几个要好的哥们儿一起共同创业，则从原来的好友团转化升级为事业团，并且在某种程度上还兼有原来的情感纽带；比如某个老乡团的部分成员选择共同结为事业伙伴儿，他们则从原来的老乡团的基础上升级转化为事业团。这在民营企业里十分普遍，他们相互支持、互相照应，一方有难，大家支援，所谓的潮汕老板、徽商、晋商等都深深地打上了这样的印记。

在企业内部，同样也会出现相应的情况，很多员工之间会从普通的职业团升级为挚友团、闺蜜团、事业伙伴团等等，这样的团队升级转化往往会增进他们之间的情感融合，有利于工作之间的相互配合。从另外一个角度来看，他们也极有可能形成侵蚀企业利益的利益团，无论在哪个企业，这都是与企业的主流文化抵触的，所不允许存在的。因而，在对于企业内部的团队文化时，需要管理者积极引导，引导企业内部的团队文化朝着与主流文化相向的方向转化升级。

软银赛富基金首席合伙人阎焱之所以能赴美留学，就是因为他就读北大研究生时的一个外籍老师——来自美国普林斯顿大学的访问学者 Roger Michiner。Roger Michiner 很欣赏阎焱，两人经常一起聊天，有一次他主动说："你应该去美国读书，我可以帮你写推荐信。"阎焱通过托福考试，取得了美国普林斯顿大学录取通知书和四年全额奖学金后，Roger Michiner 又在生活上给予了阎焱帮助。1986 年 8 月，阎焱回忆说："我到美国的第一天晚上，就住在 Michiner 教授家里，他的家也在普林斯顿。Michiner 教授待我非常好，在普林斯顿，他仍然是我的专业教授。我毕业多年以后，他也离开了普林斯顿大学，但我们的友谊一直到现在。"

二、魂牵梦绕的团队

（一）多彩多姿的团队

"君子之交淡如水，小人之交甘如醴"，团队的形成源于价值观的趋同，同时也会因为价值观的变化而变化。因为每个人的成长环境、知识背景、工作经验的不同，每位员工的价值观也就各异，因而，在一家企业，会因为价值观的趋同而形成多种多样的团队，他们有显现的，有隐形的。

由于团队的形成源于价值观的趋同，价值观不同或相反的人，如果进入了团队的势力范围，就会受到排斥乃至攻击，即使持有相同的价值观的人，如果处于团队之外，也会受到不同程度的排斥，这种排斥，有的是对团队利益的本能维护，有的则是出于团队对自身纯净度的维护。例如：一些企业的原材料验收和采购人员，他们如果因为利益纽带形成了事实上的利益团队，他们虽然没有约定，却不谋而合地遵循着一定的潜规则，一旦发现破坏潜规则的人，大家往往群起而攻之，甚至不惜违反法律。团队有清有浊，团队对外的排斥性有大有小，被排斥的伤害性也各有不同，这取决于团队的性质。

（二）大禹治水带来的启示：堵还是疏

在"汤汤洪水方割，荡荡怀山襄陵，浩浩滔天"的洪水灾害之前，禹的父亲鲧在"四岳"的竭力推荐之下，担负了治水的重任。"我闻在昔，鲧堙洪水""洪水滔天，鲧窃帝之息壤以堙洪水""鲧障洪水而殛死"，但鲧是用堵塞、阻隔的方法来治理水患，结果"九载绩用弗成"。而禹"使大章步东西，坚亥度南北"，察六扈，脉地理，"畅八极之广，旋天地之数"，在调查思考的基础上，改堵为导，"因水之力"，"泻流沙于西隅，决弱水于北汉，青泉、赤渊分入洞穴，通江东流之于碣石；疏九河于涽渊，开五水于东北；凿龙门，辟伊关。平易相土，观地分州"。大禹正是在父亲失败的基础上，重新审视地理形势，根据水土流向特点，变阻为导，因水之力，成功治水。

企业文化建设、完善也是如此，也需要积极引导，而不是棒打叱喝！

（三）主流价值观一致下的企业团队

对于企业来说，为了减少企业内部多彩多姿的各种团队之间的冲突，防止企业的反文化滋生、蔓延，企业的负责人就需要着眼于企业使命战略的高度进行企业主流文化的顶层设计，以健康的、符合企业自身定位的主流核心价值观引导企业内部团队的形成、完善和发展，引导内部小团队文化对公司的主流文化进行有益的补充，凝聚各团队之间的力量，共同为主流文化的完善、发展，为公司的强盛、壮大而凝心聚力、同舟共济（见图5-3）。

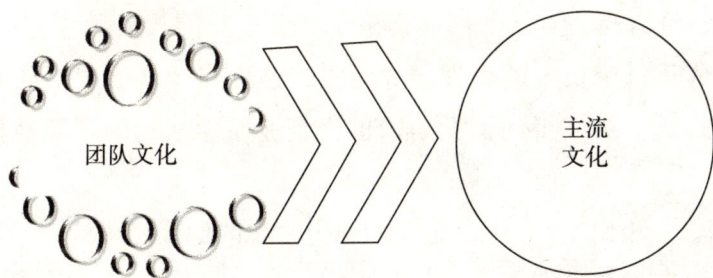

图 5-3　主流价值观一致下的团队文化

有了共同的核心价值观这个前提，企业还有围绕核心价值观的建立、完善而建章立制，以制度来保护核心价值观得到有力的倡导执行、以制度来保护健康团队文化的形成和发展、以制度遏制企业反文化的出现。

有了制度并不等于高枕无忧，企业还要建立相应的监管机制，保证所制定的规章制度得到实实在在地贯彻和执行，并在实际的执行当中逐步完善和发展，进而形成螺旋上升的企业文化管理机制。

有了核心价值观的引导，企业内部的各种团队就有了自己的主心骨，就不会因为一盘散沙而形成无序管理。从而在核心价值观的牵引下，萦绕核心价值观而形成、完善和发展，成为魂牵梦绕的团队。

三、团队文化的特点

（一）团队文化下的原生文化和次生文化

主流价值观一致下的团队，由于具备了共同认可的核心价值观，同时也尊重每个员工的个性差异特点，因此在整体的文化建设和完善过程中，都会表现出一定的稳定性。

同时，在团队的管理下，企业在管理方面的层级已达到极致的最小化，员工之间的信息反馈相对及时、客观和准确，因而主流文化对小团队文化的导向功能得到加强，因企业内部原因引起的次生文化现象的概率得到极大的降低。

主流价值观一致下的团队，由于具备了共同认可的核心价值观，同时也尊重每个员工的个性差异特点，也使得企业文化对外部和外来文化的抗干扰性得到了提高，也为企业原生文化的延续性提供了保障。

因而，在团队文化下，企业的原生文化的健康延续就有了客观的系统性保障。

（二）团队管理的主文化、小团队文化与反文化

团队里，共同的核心价值观形成了团队的主文化，对团队成员和团队的子文化起到引导、凝聚作用。

在团队里，因为管理层级的极致减少，团队成员对于主流文化的沟通交流十分便利，这就更加有利于主流文化对团队中的子文化的引导、包容，同时也因为沟通层级的减少，主流文化对于子文化出现的新情况、新问题，也会及时进行反馈和回应，因而，在团队中，主文化对于小团队子文化的引导更加有力，包容更加全面，在核心价值观引导、包容下的小团队子文化也便失去成为反文化的客观基础。

在团队里，各价值圈或复合价值圈围绕共同的客户需求、创造和实现相同的客户价值进行合作，同时他们还有共同的价值取向或兴趣爱好，如此，他们为实现共同目标将会更加团结，也因此会使各自的小团队充满活力，更具凝聚力、战斗力。

同样，对于企业内部存在的边缘人，特别是专业性较强领域的顶尖人才，虽然其曲高和寡，也会因为大家具有共同的核心价值观，有共同的为满足客户需求、创造和实现客户价值的目标而具有客观心理、工作协作基础，从而各司其职、各负其责，为实现团队的价值最大化而发挥各自优势，共同奋斗。因而，团队更是专业性很强、曲高和寡的顶尖人才的发挥才干的所去之地，因为他们不再曲高和寡，而是心有灵犀。

团队管理的主文化、小团队文化将会具有以下特点：

> 企业的主文化在所有成员的认知上高度一致；

> 各小团队或复合团队的子文化个性突出、别具一格；

> 团队是主文化高度一致和子文化别具一格的高度和谐统一。

（二）团队下的文化震荡

相对于其他管理方式，团队文化管理中的我族中心现象会减少至最少，文化震荡发生的概率也会很小。

在团队管理下，企业的主流文化对于各团队或复合团队的子文化的引导力已经发挥很大作用，各团队之间的价值观差异已经在共同的核心价值观的引导下趋于次要位置，各团队之间发生文化震荡的基础已经不复存在。

（三）团队文化的心理契约

团队因为管理层级的极致减少而使所有成员对主流文化的沟通交流十分便利，各价值圈或复合价值圈围绕共同的客户需求、创造和实现相同的客户价值进行合作，加之他们之间具有共同的价值取向和兴趣爱好，使得他们为共同目标的实现更加团结有力，如此一来，无论是对于公司核心价值观的认可，还是各团队内部的子文化的价值观认可，都会形成高度的一致性，因此形成的心理契约将会更加牢靠。

（四）团队文化的功利性

海纳百川，有容乃大。

在团队下，各团队或复合团队围绕满足共同的客户需求、创造和实现客户价值相互协作，各自发挥自我能量的同时，实现本团队或复合团队的价值最大化、利润最大化。

在核心价值观和共同的行为模式下，当公司的每一个团队或复合团队都实现利润最大化的时候，公司也就实现了利润最大化，这也就体现了团队文化的功利性。

四、团队文化对新形势企业文化特点的回应

团队文化是随着社会经济向更高水平的发展中产生的，是社会经济发展到一定阶段才会出现的，也是管理理论和实践不断发展的必然

结果，为了更好地促进社会经济发展，指导社会实践，必然需要对社会经济发展中出现的新现象、新特点进行回应，从而更好地指导和运用于社会实践，丰富社会理论沉淀。

（一）对经济全球化和跨国公司发展需要的回应

经济的全球化催生了跨国公司的迅猛发展，企业的分支机构越来越多，其跨地域性也越来越突出，公司总部也就需要对各分支机构实施全面到位的管理。

团队管理就可以帮助跨国公司，把分布在全球的集团成员企业——分公司、子公司、控股公司、参股公司、加盟公司、联盟公司等形形色色的地域不同、语言不同、文化不同的关系企业凝聚在一起，通过共同的企业价值观、共同的目标和信念、共同的行为模式、共同的视觉识别系统等公司的主流文化（大团队文化）和各分公司、子公司、控股公司、参股公司、加盟公司、联盟公司等形形色色的亚文化（小团队文化）进行有效的融合，从而使整个企业融为一体，实现全面管理。

（二）对知识经济时代要求的回应

在知识经济时代，一方面，知识日渐成为企业经营活动中最重要的资源，人对知识的掌握和驾驭以及由此而带来的企业创新，使得人在经济活动中的地位和作用比以往任何时候都更加突出和重要；另一方面，人的思维方式、价值观念也发生了巨大的变化，人的自主性、个性化、自我价值实现的愿望等应得到充分尊重和鼓励。这些都促使企业在管理中把对人的关注、人的个性和能力的释放、人的积极性的调动推到了空前的中心地位，"以人为本"的管理得到了空前的强化。

团队管理在保持核心价值观一致的同时，最大限度发挥各小团队文化的积极性、自主性，鼓励各小团队或复合团队在识别客户需求、创造和实现客户价值时最大化发挥每个人的自主性，从而调动每个人的积极性，充分释放每个人的能力，这是每个人的个人需求，也是团队实现价值最大化的需求，因此，以人为本的团队管理极大满足了知识经济时代"以人为本"的管理诉求。

（三）对人类自我实现的回应

随着社会经济的发展，人们已经解决了生理和安全的需要，面临着更高层次需要的满足，开始向往精神需要，人们工作不再单纯为了经济利益，更想从工作本身寻求另外的意义，实现自身的价值，他们不仅仅希望得到一份薪资，更希望参与管理、从事有意义的工作、接受继续教育和满足个人特殊需要等要求，人们在工作之余还需要丰富的文化活动和社交活动。

这里所有的更高层次的"超经济超安全"的员工需求，在团队管理下都可以得到满足，同时，还为员工提供了很多"知音"，让员工在知心朋友的陪伴下开心快乐地释放自身能量、创造更大价值，满足自我实现。

如图 5-4 所示，团队文化对新形势企业文化特点的及时回应，一方面保证了企业文化的持续健康发展，同时也保证了团队文化管理更加及时有效地融入企业文化的建设、完善和发展之中，加快企业文化管理向更高层次实现的进程。

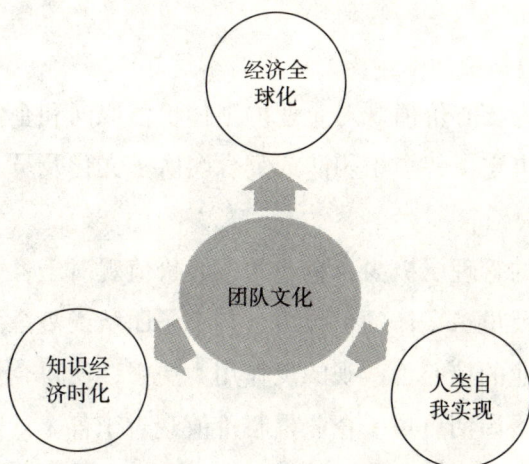

图 5-4　团队文化对时代需求的呼应

五、团队文化功能

团队文化作为适应新时代企业文化管理特点的产物，其所具备的功能较为完备，对企业的影响更为深远（见图 5-5）。

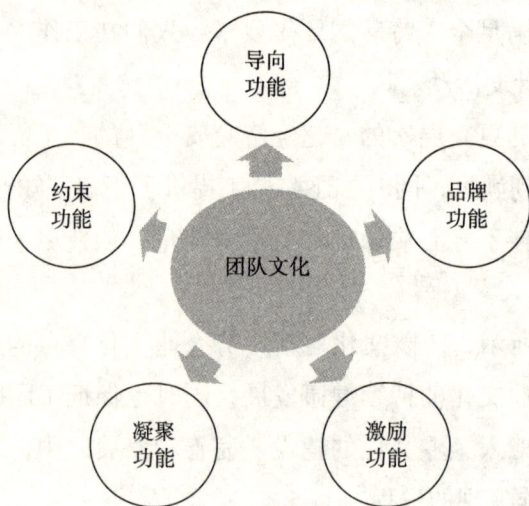

图 5-5　团队文化全面均衡的功能

（一）导向功能

团队文化的核心价值观对企业的整体价值取向和企业行为起导向作用，同时又决定了各个子团队或复合团队子文化及员工个体的总体价值导向和行为趋向。

由于团队的管理层极少，企业的核心价值观对于各个子团队或复合团队子文化及员工个体的引导力、各个子团队或复合团队子文化及员工个体对企业的核心价值观的反作用力更强，使得企业的核心价值观的完善和发展周期更短，企业核心价值观对于各个子团队或复合团队子文化及员工个体的整体价值取向和行为趋向的引导力也日趋深化，使企业的凝聚力进一步加强。

（二）约束功能

团队文化的约束功能与其导向功能是呼应的，团队的核心价值观对企业的整体价值取向和企业行为、各子团队或复合团队子文化及员工个体的总体价值导向和行为趋向有相应的约束功能。在团队管理模式下，企业的核心价值观的完善和发展更加及时，周期更短，更能反映员工现时的思想倾向和行为特点，因而，在成熟团队里，团队文化的约束功能会逐渐减弱而日益成为员工的自觉行为。

（三）凝聚功能

团队的凝聚功能，一方面体现了传统企业文化的核心价值观一致基础上的情感凝聚功能；另一方面还体现了心有灵犀的知心情愫和一致地满足客户需求，创造和实现客户价值的自我实现的凝聚功能。

在团队里，各子团队或者复合团队里的每个成员，由于具有相同的兴趣爱好或职业特点，在日常工作和生活中具有相同的价值趋向和行为特点，彼此的举手投足之间有更多的心理默契甚至是心灵感应，员工之间互有知音之感，因而具备更强的心理凝聚力。

团队的建立一方面是基于共同的价值观基础；另一方面是基于满足共同的客户需求、共同创造和实现客户价值基础上的，因而，在互有知音之感的同时，团队里的每个成员还有共同事业基础上的奋斗目标，大家一损俱损一荣俱荣，大家互相协作、互利共赢，当每个人都最大化发挥自身价值的时候，集体的目标和个人的梦想也就同时实现了，这就是团队成员间的自我实现的凝聚作用。

（四）激励功能

团队的激励方式是多种多样的，内容是多维度的、深层次的。

物质上的激励在团队里具有多重复合叠加的效应。团队的成员会同时兼具几个甚至数个角色，因而会根据其对每个团队的价值贡献取得相应的物质激励，同时，各个团队又都会为企业的总利润提供贡献，因而，每个员工还会享受相匹配的利润贡献上的物质激励。

精神的激励在团队文化里就表现得更为突出了。仅仅是知音、自我实现上的精神激励就足以让每一个员工开心快乐地发挥自己的最大价值、释放自己的最大能力了。

（五）品牌功能

企业品牌形象是企业经济实力和企业文化内涵的综合体现。

就企业的实力而言，团队文化下的公司已经实现了对客户需求的快速反应及在客户价值创造、客户价值实现上的个体及总体的价值最大化，从而使得企业的实力最大化。在企业的内涵方面，团队下的企业核心价值观对于各个子团队或复合团队子文化及员工个体的引导力更强；各个团队里的每个成员在互有知音之感的同时，还有共同事业基础上的奋斗目标，大家一损俱损一荣俱荣，因而员工之间更有凝聚力。

因而，团队文化会形成更强的品牌力。

当然，在企业核心价值观一致下的团队，虽然大家为了满足共同的客户需求、共同创造、实现客户价值而形成集体，但是还需要相匹配的组织形式按照其内在规律来有效运行，才能更大发挥团队的价值。接下来，我们就一同进入对团队的组织管理内容的研究探讨。

本章小结

1. 由于价值观的趋同形成了多彩多姿的团队，价值观不同或相反的人，如果进入了团队的势力范围，就会受到排斥乃至攻击，即使持有相同的价值观的人，如果处于团队之外，也会受到不同程度的排斥，这种排斥，有的是对团队利益的本能维护，有的则是出于团队对自身纯净度的维护。

2. 为了减少企业内部多彩多姿的各种团队之间的冲突，防止企业的反文化滋生、蔓延，企业的负责人就需要着眼于企业使命战略的高度进行企业主流文化的顶层设计，以健康的、符合企业自身定位的主流核心价值观引导企业内部团队的形成、完善和发展，共同为主流文化的完善、发展，为公司的强盛、壮大而凝心聚力、同舟共济。

3.有了核心价值观的引导，企业内部的各种团队就有了自己的主心骨，就不会因为一盘散沙而形成无序管理。从而在核心价值观的牵引下，萦绕核心价值观而形成、完善和发展，成为魂牵梦绕的团队。

第六章　多象限组织管理

同声相应，同气相求。

社会在发展，时代在进步，处在技术革新的移动互联网时代，日新月异的新技术、新产品，已经使得传统的管理模式和组织结构很难适应时代的发展，现实管理实践呼吁新的管理模式的诞生，变革是必然趋势。

正是在此背景下，在2014年6月14日举办的沃顿商学院全球论坛上，海尔首席执行官张瑞敏关于"裁员一万"的言论，再次引发业界对海尔"外除中间商，内去隔热墙"的改革模式的关注。

海尔原来的组织架构是串联式的，从产品规划、设计、营销，一直到最后的客户，企业与用户之间有很多传动轮，但这些传动轮并不知道用户在哪里，这就是企业的中间商。海尔的产品要到达用户手中，都必须经过中间商之手，这就使海尔和用户之间的距离越来越远。

不管是最初的"一对一服务"，还是如今的去除中间商，都是要让海尔直接和用户连在一起，为用户创造最佳的需求，这也是海尔组织转型的关键，即企业组织由原来的串联式改为并联式，最终让海尔转型为可实现各方利益最大化的利益共同体。在这个利益共同体里，各种资源可以无障碍进入，同时最大化发挥各方价值，实现各方利益最大化。

去除中间商后，企业被分拆为一个个面向市场的小单元和小团队，不再需要中间管理层游走在代理商、经销商之间，如此一来，难以传递市场信号的中间管理层自然成为冗员，去除冗员以提升效率就成为必然，"裁员"也就成为海尔战略导向下输出的必然结果。内除隔热层，决策者就可绕过信息传递的中间环节，直接接收来自一线的市场数据；外去中间商，企业可直面市场，知道用户需求在哪里，痛点在哪里，改善产品和服务来占领市场。

海尔的管理实践初步显现了团队和多象限组织的一些特点，也为多象限组织管理模式积累了管理实践经验。

一、多象限组织管理的必然趋势

组织管理是企业管理的核心内容，它关系到公司的组织结构、管理职能、企业运转以及企业管理主体的行为，它一方面有其自身的内在规律性，同时还与社会经济发展程度和管理实践的需要有密切的关系，其发展历史也是一个不断完善和发展的过程。根据社会经济的不断发展和管理实践现实的需要，组织管理也需要相应的变化与发展，以促进社会经济的进一步发展。

（一）组织理论发展演进

1. 古典组织理论的演进

企业的组织管理理论开始于 19 世纪末 20 世纪初的美国和欧洲，随着当时社会经济发展的需要，对企业管理的要求日益强烈。这一时期，组织理论的研究分为三个派别：科学管理学派、行政管理学派、官僚体制学派。

以泰罗为代表的科学管理学派主张实行职能管理制。不仅要单独设置职能管理机构，还要在职能管理机构内部的各项管理职能之间实行专业化和标准化的分工，使所有的职能人员只承担 1～2 项管理职能；提出了权力下放的例外原则，使上下级之间实行合理分工，上级把一般性的日常事务授权给下级管理人员去处理，只保留例外特殊管理事务的决策权和对下级工作的监督权。

法约尔是行政管理学派的代表人物。他提出了管理的五个基本的职能，即计划、组织、指挥、协调和控制，并认为组织职能是一项非常重要的职能；同时他又提出了直线—职能制的组织模式，设计了一种为解决上下级之间跨越统一的指挥链而进行直接联系的组织形式，即"法约尔跳板"；他概括了包括组织职能在内的14条一般管理原则。

韦伯的科层制理论认为组织治理机制有三种基础：一是理性基础，即组织建立在对权力和法规的信念之上，并通过相应的规则来组织活动；二是传统基础，即组织建立在古老传统和统治身份的神圣信念之上；三是魅力基础，即组织建立在具体的、非同寻常的个人及其统治方式之上，同时韦伯用合理—合法的职权观念论证了官僚制存在的合理性，对官僚制的组织形式的结构提出了自己的看法：官僚制的组织结构应该分为三层，顶端是主要负责人，主要职能是决策，中间层是一般管理人员，主要职能是执行主要负责人做出的决策，底部是业务人员，主要职能是从事具体的业务工作。韦伯论证了个人行为的合理性和社会秩序的合法性，形成了经典性的"官僚组织理论"，被称为"组织理论之父"。

古利特和厄威克的组织理论是建立在泰罗和韦伯的组织理论基础之上。古利特提出了著名的"管理七职能论"，并认为组织的目标是协调，厄威克提出了组织理论的八条原则。他们的理论标志着"古典管理组织理论"体系的形成。

古典组织理论构造了集权型层级制的组织结构，这种组织结构的表现形式适应了社会生产体制由作坊式小生产体制向工厂化的社会化大生产的体制的转化，促进了组织效率的提高和生产力的发展。古典组织结构理论科学和理性解释了组织结构的变化原因。理论的重点放在组织管理基本原则的概括和分析上。

2. 行为科学时期的组织理论的演进

随着技术的进步和发展，越来越多的人认为组织不仅是一个经济系统，更是一个社会系统。对人的激励不仅仅有经济因素，还应有社会和心理方面的激励，这种社会和心理的满足对组织效率的提高至关重要。因此在20世纪20—40年代，行为科学时期的组织理论就应运而生了，代表人物有梅奥和巴纳德等人。

梅奥是"人际关系学派"的创始人，他提出"社会人"假设：认为组织成员是复杂的。人不仅仅有追求金钱的需求，还有社会及心理方面的需求，即追求人与人之间的友情、安全感、归属感和被他人的尊重，同时他还提出了"非正式组织"的问题，认为管理组织内的非正式群体在决定生产率高低方面有重要的作用，并与正式组织存在着互相依存的关系。最后他还强调领导的综合管理技能，他认为这些技能对于处理人际关系很重要。

巴纳德提出组织系统观点。他认为组织是人与人之间相互作用的系统，既然是系统，那么组织与组织、人与人之间就存在相互协作。而协作就要求将个人、目标和信息三者有机联系起来。同时，巴纳德也对非正式组织进行了研究，他认为非正式组织也能发挥重要的作用。巴纳德还提出了"权威接受论"，他认为权威取决于下级对上级的认同，而不是上级的地位。

这一时期的组织结构理论重视组织内人的重要性，坚持用心理因素和社会因素来解释整个组织结构的变化。同时为了适应组织之间协作的需要，这一时期的组织结构采用了分权型层级制组织形式，包括事业部制、超事业部、矩阵等形式，这就有利于生产者参与决策，提高管理效率，适应了组织规模的扩大化，产品的多样化，市场的国际化的需要。

3. 现代组织理论的演进

社会经济的发展和管理实践进一步推动组织理论继续向前发展，第二次世界大战以后的管理实践出现了一些新的特点，如科技突飞猛进、日益加强的市场国际化趋势、物质和人力资源的大量积累以及这些资源形成越来越复杂的组织模式和关系等等。前一时期的组织理论显然已力不从心，而需要用新的系统论的原理、方法、思想来分析组织的内部结构、管理活动与环境的关系，从而形成新的组织管理理论。这一时期的组织理论实际包含了系统组织理论、权变—系统组织理论、群体生态理论和资源依赖理论。

系统组织理论认为系统是一个开放的具有整体性的社会技术系统，代表人物有霍曼斯、卡斯特等。霍曼斯的社会系统模型认为，任何社会组织都处于物理的、文化的、技术的环境之中，这些环境决定着社会系统中人们的活动和发生的相互作用。卡斯特认为组织是一个人造的、开放的系统，它是有各个子公司组成，各个子公司之间通过输出输入的关系构成一个完整的系统，而且只有适应了环境的变化，组织才能生存下去。

权变学派强调组织变化无常的性质，认为组织结构本身并无优劣之分，只要与环境相适应的组织结构就是有效率的，不存在普遍适用的组织管理理论。这一理论是对古典组织理论、行为科学组织理论的强调形式、规范模式等思想的彻底否定，而与系统组织理论和权变学派相适应的组织结构理论，也即是系统权变组织结构理论。

群体生态理论也叫自然选择模型，是阿尔瑞契与普费弗提出。该理论把生物学的群体生态理论应用到组织理论分析当中，并认为组织在环境中生存与否和生物的适者生存的规律一样：依据组织结构的特点及其与环境的适应性来选择一些组织或淘汰一些组织。

群体生态理论强调的是选择作用而弱化了组织行动者在决定组织命运中的作用。为此，普费弗和萨兰西克提出了资源依赖理论，该理论认为组织对外部资源有依赖性，并强调组织从环境中获取资源能力的重要性，其实质是把组织看作是环境关系中的一个积极的参与者而不是被动的接受者。

群体生态理论和资源依赖理论认为组织环境是组织结构的主要决定力量，而不是管理者主观主导了组织结构的变革；不存在一成不变的、普遍适用的、放之四海皆准的组织结构，因此这种组织结构理论就是环境决定组织结构理论。

这一时期的组织结构理论侧重研究组织与环境之间的关系，同时为了适应这种关系，这一时期的组织结构形式变得更加灵活，以团队为模块的工作单元、临时工作小组、网络型组织等扁平网络型组织得到迅速的发展。实践证明这种灵活多变的组织结构形式，可以使企业获取更多的信息，更加适应激烈的竞争环境。

（二）西方组织理论的演进逻辑和新时期出现的特点

上述的三个阶段是组织理论从正式开始形成到至今的历史演进过程。这个历史演进的过程是社会经济发展的结果，是管理实践的需要，也是社会化大生产和专业化分工的产物。虽然各个阶段研究的角度、方法、内容不尽相同，但研究的问题却大致相同，且在三个阶段中存在过渡性、交叉性派别，有些理论提出的较早而受人重视较晚，而有些理论虽被代替，但某些内容至今仍被人们所使用。

组织理论来源于实践、服务于实践的辩证过程是认识与实践相统一的发展过程，是继承与发展的扬弃过程，也是辩证的否定的过程。随着时间的推移，组织理论发展的内在逻辑和规律也在不断延续。通过对组织理论的发展阶段和演进过程的回顾与分析，我们可以清楚地看到，古典组织理论构造了集权型层级制的组织结构，重点强调组织结构的系统性、组织管理的基本原则的概括和分析；行为科学时期的组织理论开始重视组织内人的重要性，坚持用心理因素和社会因素来解释整个组织结构的变化；现代组织理论侧重研究组织与环境之间的关系，同时为了适应这种关系，这一时期的组织结构形式变得更加灵活，以团队为模块的工作单元、临时工作小组、网络型组织等扁平网络型组织得到迅速的发展。新时期的组织结构理论和管理实践已经呈现出如下新的趋势（见图6-1）。

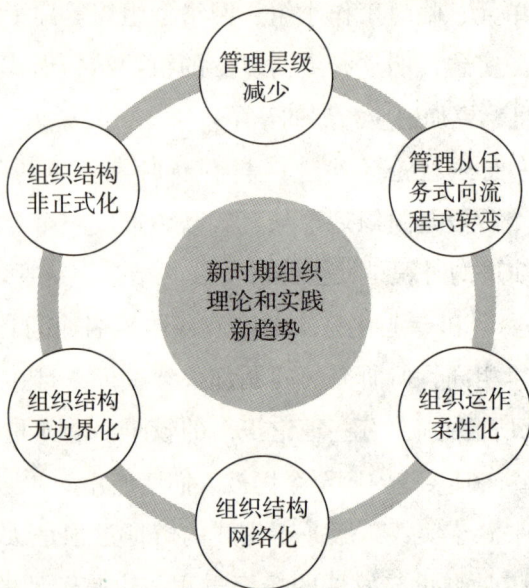

图 6-1　新时期组织理论和管理实践新趋势

1. 管理层级减少

管理层级的减少源于"金字塔形"结构给管理实践带来的困扰。"金字塔形"结构管理信息传递的层次多、速度慢、信息的衰变严重等，已经越来越严重地制约着企业管理效率的提高，制约着企业市场竞争能力的提高，这直接导致了传统组织结构向层次少、扁平型的组织结构演变。在当今的企业组织结构的变革中，减少中间层次、加快信息传递速度、实现直接控制是一个基本趋势。

2. 管理从任务式向流程式转变

流程式管理是一种先进的管理方式，是一种扁平化的横向管理，其通过业务流程把市场需求信息横向传递到生产经营的流程中去。由于信息传递及时，能提高企业的应变能力，流程式管理不仅能够应用于企业内部，还可以应用到企业外部，形成整体价值链流程，这是流程管理的优势所在。流程式管理方式首先可以提升企业对市场的反应能力，市场需求通过业务流程迅速传递到生产经营的各个环节，企业能快速应变市场；其次能降低企业的成本，由于信息畅通，减少了库存，能加速资金流转；再次是可以和谐部门之间关系，部门间加强信息沟通，减少了不必要的摩擦，成了上下游客户的关系，流程式管理的作用得到了充分的体现，这是当今企业管理的重大变革。

3. 组织运作柔性化

柔性的概念最初起源于柔性制造系统，指的是制造过程的可变性、可调整性，描述的是生产系统对环境变化的适应能力。柔性概念应用到企业的组织结构上来，是指企业组织结构的可调整性以及对环境变化的适应能力。很显然，企业组织结构发生这种变化的原因也是企业所处的社会经济环境不断变化的结果。新的经济时代的到来，企业外部环境变化已大大高于工业经济时代的变化，企业的战略和组织结构也将因此做出及时的调整。因而企业的组织结构柔性化将成为企业组织结构未来发展的一种趋势。

4. 企业组织结构网络化

现代企业的组织结构由紧密型向松散型转化，组织结构网络化就成为新的企业组织形式。企业组织结构的网络化主要体现在四个方面：一是以技术和资本为纽带形成的企业集团化，通过组成一种新的利益共同体，使众多企业之间的联系日益紧密；二是以契约和资本为纽带形成的经营连锁化。通过发展连锁经营和商务代理等业务，形成了一个庞大的销售网络体系，使得企业的营销组织网络化；三是以契约和共同利益为纽带形成的企业内部组织网状化，内部网状化是实现企业组织结构彻底扁平化的根本途径；四是以因特网为纽带形成的信息传递网络化。全球网络技术的蓬勃发展和计算机的广泛应用极大地降低了企业间网络的运作费用，推动了企业间网络的发展。

5. 企业组织结构无边界化

企业组织的无边界化是指在组织结构上不设固定和正式的组织机构，代之以临时性的任务为导向的柔性组织，如矩阵制、团队组织等。组织更多的不是表现为一种有形的障碍，其界限越来越趋向于无形。

企业再也不会用许多界限将人员、任务、工艺及地点分开，而是将精力集中于如何影响这些界限，以尽快地将信息、人才、奖励及行动落实到最需要的地方。"无边界化"并不是说企业就不需要边界了，而是不需要僵硬的边界。为使企业具有可渗透性和灵活性的边界，以柔性组织结构模式替代刚性组织结构模式，以可持续变化的结构代替原先那种相对固定的组织结构。随着经济信息化、网络全球化的日益发展，企业内外部信息共享、人才共用已成为主要特征。其优点是灵活机动、博采众长、集合优势，不仅可以大大降低成本，而且能够促进企业人力资源的开发，推动着企业组织结构的扁平化发展。

通用电气公司的韦尔奇较早地提出了"无边界企业"的概念，他认为一个无边界组织"可以使人们专注于发现更好的方法、更好的思想，而无论其源头是某个同事、通用电气的另一个部门、街道那边的另一家公司抑或地球另一端的某个公司，他们都会与我们分享其最好的思想和实践"。韦尔奇十分积极地在通用电气推行了企业无边界化的改革。

6. 企业组织结构非正式化

随着互联网的广泛应用和信息技术的进一步发展，组织中的员工无须在固定的时间、固定的场所去完成固定的工作，也无须面对面去进行工作协商和工作汇报，他们只需要在规定的期限内完成规定的任务即可，上属对执行者任务进度和完成结果的监控完全可通过企业内部的互联网络进行。这种工作方式的变化使得组织结构呈现出日益非正式化趋势。

在传统组织中，企业是按照研究、开发、生产、销售的顺序进行经营并进行职能部门授权的，极不利于部门间的横向协调。而面向作业小组或项目团队的授权方式则属于同步经营方式，不仅可以取代传统的职能部门，还可以在团队内部建立一种新型的协作关系。其运作方式是根据产品或项目需要，设立一个或多个作业小组或项目团队，小组或团队内的所有成员均由不同专业的或原来不同部门的专家所组成，完成产品或项目所需的全部或大多数工作任务，任务完成后作业小组或团队即告解散。

正是这种临时的、短期的、可变的小组或团队才具有随时适应市场变化的巨大应变能力，为了完成共同的任务，小组内成员可以自主决策，最大限度地发挥自身潜能。这种全新的授权方式使得组织结构变动性较大，灵敏性较高，可以做到随时根据新的市场需求，迅速成立作业小组，进行人力资源重组。

海尔"外除中间商，内去隔热墙"的改革模式就是在这样的大背景下产生的，也是时代发展的趋势使然。

（三）多象限组织管理模式的必然

无论是管理层级的减少、组织结构的无边界化和网络化，还是组织运作的柔性化、流程化，都反映了多象限组织的特点。这既是对多象限组织管理模式进行的有益探索，也为多象限组织管理模式奠定了实践基础。

在战略、环境及规模上。企业追求卓越、创新战略及组织结构的灵活性，以实现企业在开发、生产中追求快速、反应灵活的创新目标，扁平化无边界组织结构正是基于追求卓越及创新战略的考虑。同时企业又是从属于社会大环境系统中的一个子系统，它无法控制外部环境，只能主动适应外部环境。复杂变幻的市场竞争要求管理者和员工具有丰富的经验、敏锐的洞察力、正确处理和解决问题的能力，鼓励员工在工作中采取首创精神，实施创新，进行自主管理。

在技术及人员上。新技术、新工艺的运用要求与之相适应的管理机制与组织结构的变化，尤其是信息技术、互联网的应用。管理信息化在于它扩大了组织的管理幅度，减少了管理层次，是组织结构扁平化的前提、动力及支撑，能使信息和各种资源自由地在企业内外穿行并使之得到有效利用。

仅有信息交流能力并不意味着能够正确地应用信息，实际上很多垃圾信息妨碍了人们的反应和行动。无边界团队仍需要明确他们的授权范围，需要明确谁作决策、在什么范围内、怎样计算报酬、如何激励团队成员在不同的时间地点都同样努力地工作，从而很充分发挥员工主观能动性。

因而，新的管理实践要求，必须打破传统组织的四种边界，将传统组织中的四种边界模糊化，以满足公司对组织形式的新的要求，如图 6-2 所示。

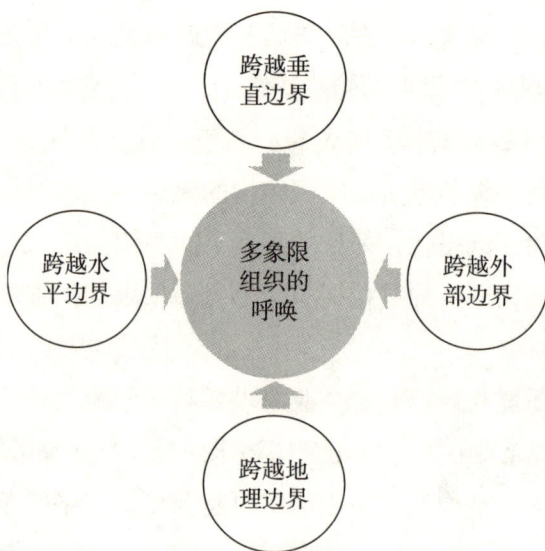

图 6-2　打破四种边界对多象限组织的呼唤

1. 跨越垂直边界——自由地垂直穿越

旧的垂直边界主要是传统的金字塔式组织结构引起的内部等级制度，组织按各自的职权划分为层层的机构，各个机构都界定了不同的职位、职责和职权。

多象限组织则突破这种僵化的定位，权力下放到基层，让那些最接近事实并直接对事实结果负责的人作出决策，职位让位于能力，只要绩效突出都能获得较高的报酬。在无边界组织中各个层级之间是互相渗透的，能够最大限度地发挥各自的能力。

现在企业面临的是迅速变化的环境，信息的层层传递将会延迟决策的时间，使企业难以做出迅速的反应，从而丧失竞争能力。在多象限组织中，决策由那些最接近事实并直接对事实结果负责的那些员工作出，这既增加了员工的参与感，提高了他们的积极性，又能够缩短从决策到执行之间的时间，并提高决策的准确性。另外分散化的决策方式则要求各个员工拥有足够的信息作为决策的基础，所以在多象限组织中，要求从高层到普通员工之间广泛地分享信息，这样员工才会做出与组织的目标和战略一致的决定。

多象限组织鼓励员工做他所能够做的工作，重视各个层次员工包括战略管理等方面的培训与发展。也只有当这种领导能力被组织中各个层次的员工所拥有时，决策才能被准确而迅速的作出。而员工的薪酬主要是以员工的绩效为基础，不是其所在组织的层次，较低层次的员工只要绩效突出也能获得较高的报酬。这样员工就能专注于自己业绩的提高，而不是通过提高自己的行政或专业级别来实现，这减少了员工追求进入组织上层的动力，打破组织的等级制。

2. 跨越水平边界——自由地水平穿越

旧的水平边界是组织按各个组成部分的职能不同而划分成的不同的职能部门，而各职能部门都依据自身的特点行事，往往与其他部门发生矛盾和冲突。多象限组织则要突破各个职能部门之间的边界，真正使计划、生产和销售等各部门连为一体，形成统一的系统。正如杰克·韦尔奇提出的无边界组织 GE 一样"应该将各个职能部门之间的障碍全部消除，工程、生产、营销以及其他部门之间能够自由流通，完全透明"。

（1）以客户为中心、用一个面孔面对客户

企业的生存与发展依赖于能否更好地满足客户的需求。多象限组织要求员工从客户的角度去理解、满足客户需求，并形成共同认可的价值观。同时员工要加强与外部客户的关系，以客户需求作为行动的准则。此外无论组织多么复杂，产品线多么繁多，客户需要的是一个简单、可信任的接触方式。多象限组织中，要求各职能部门的员工都拥有相同的信息以及以相同的方式面对客户，以保证在客户面前，企业是一个可信赖的整体。

（2）组建价值圈、共同进行信息分享

通过组建价值圈，按单一客户需求形成若干具有相对独立性的单位，以优化企业的各种资源、增进企业应变能力和提升企业整体竞争能力。多象限组织最大的特征就是为了实现单一客户价值，集合了多种职能人员。同时，价值圈共同为客户提供服务时，圈中的每个成员都可以获得充分的信息，利用各自拥有的丰富经验和方法，共同享受相应信息，最大化发挥自身作用、实现客户价值。

3. 跨越外部边界——自由地穿越价值链

外部边界是指企业与供应商、客户、竞争者、政府管制机构、社区等外部环境的分水岭。这些边界在传统企业中泾渭分明，使大多数企业与外部环境之间形成一种内外有别的关系，于是讨价还价、隐瞒信息就成了做生意必不可少的手段。多象限组织则把外部的围墙推倒，让企业与供应商、客户、竞争者、政府管制机构、社区等外部环境融合，成为一个创造价值的系统，真心为客户服务。

（1）建立供应链管理与战略联盟管理

供应链是指产品生产和流通过程中所涉及的供应商、制造商、批发商、零售商以及最终消费者组成的供需网络。供应链管理是指利用计划、组织、指挥、协调、控制和激励职能，对供应链中各个环节所涉及的物流、信息流、资金流、价值流以及业务流进行的合理调控，形成最佳组合，迅速以最小的成本为客户提供最大的附加值。供应链管理把供应商、制造商、分销商、零售商等在一条链路上的所有环节都联系起来了。供应链上各企业之间关系变得更加紧密，信息流通更加频繁，边界变得更加模糊。而战略联盟管理是指与其他有着对等经营实力的企业、事业或职能部门，通过签订协议、契约而结成优势相长、风险共担、要素水平式双向或多向流动的松散型组织，以达到共同拥有市场、共同使用资源等战略目标。战略联盟多为长期性联合与合作，采用技术许可证、供应协定、营销协定以及合资企业等多种形式，加强了各企业之间的联系，从而模糊了各联盟组织之间的界限。

（2）网络化运营

网络化运营是指各个价值圈及每个价值圈和相应的客户、供应商之间基于共同的价值观，以信托、相互认同、互惠和互赠优先权等形式结成长期的关系网络，并随时间推移而强化组织交易的一种经营方式。网络化经营所形成的结果可看作是核心企业组织边界的扩展，或者看作核心企业组织的边界模糊，如电子商务、网上社区以及企业集群等形式。

4. 跨越地理边界———自由地全球穿越

地理边界或称国际边界，它是在跨国公司内区分文化、国家、市场的界限，实质是组织水平边界的一种特殊形式。地理边界的存在往往使得新方法、新思想局限于跨国公司的某一市场或区域内而难以传播。

而在多象限组织中，跨国公司的地理边界被慢慢打破，随着不同国家的组织部门相互学习、跨国公司与当地文化相融合而慢慢被打破。

（1）制定全球化和本土化战略，建立全球化组织

全球化组织站在全球的高度，将全球视为一个市场，把具有相似需求的潜在购买群体归入一个全球细分市场，制定全球化的战略，根据不同国家、不同地区在文化和风俗习惯等方面的独特性，对战略的执行作一些局部的调整，即实施本土化的策略。而全球化战略的实施必须有全球化的组织作为支持。全球化组织的形式有的如保洁、GE 等国际间公司，它转移母公司的信息和资源以面对国外的市场；有的如菲利普、联合利华等国别公司，它根据每个国家的不同情况，几乎制订独立的计划，属于多中心导向；有的如可口可乐、爱立信等全球公司，将全球看作一个市场，由一个强有力的中心整合全球的资源，以满足全球市场的需求。

（2）雇用具有全球背景的高级管理人员、克服文化的差异性

全球化的战略要求具有全球化思维的管理人员进行经营，雇用具有全球背景的高级管理人员是适应这一要求的有效方法。全球管理人员比一般的管理人员素质更高，除了基本的管理技术，还要拥有很强的语言能力和文化沟通能力。雇用具有全球背景的高级管理人员，有利于突破国家和文化的界限，从全球的角度对组织的发展进行系统的思考和规划，从而打破组织的地理边界。而文化的差异性几乎是跨国经营中最困难的一个问题，各个国家和民族都有各自的文化和风俗习惯，传统的跨国公司很容易忽略这种差异性而造成跨国经营的失败。而无边界组织非常重视培养文化的敏感性，知道文化没有对错、没有好坏，仅仅不同而已，它尊重其他国家与民族的文化，并利用其差异性，建立起促进当地优秀经验和方法向跨国公司其他地区流动的传播机制，进一步打破了组织的地理边界。

这一切都显示着多象限管理模式是社会经济发展和管理实践的必然趋势和要求。

二、独立、相互关联的工作项

所有的组织形式都是为履行企业使命、实现企业的战略目标服务的，多象限组织也是如此，多象限组织一方面是社会经济发展到一定阶段和管理实践的产物；另一方面企业的多象限组织建立的目的就是为了实现公司的阶段性战略目标、提升企业的实际管理水平。

企业的战略目标必须依靠其核心业务或核心业务族来实现，实现企业的核心业务或核心业务族的发展目标则须依靠系统的相互关联的工作项为基础，也只有这些系统的相互关联的工作项的基础性价值贡献，公司的核心业务或核心业务族的发展目标才能实现。

（一）业务定位

准确地对公司的核心业务进行定位，需要系统详尽细致的企业内、外部环境分析为基础。

外部环境是企业生存发展的土壤，它既为企业的生产经营活动提供必要的条件，同时也对其生产经营活动起着制约的作用；时时变化的外部环境一方面为企业的生存和发展提供新的机会，另一方面也会对企业生存形成新的威胁。因而，企业要持续健康发展，就必须研究和认识外部环境，通过对外部环境的分析研究帮助企业认识外部环境的特点，使企业认识到外部环境的历史演变，从其中发现外部环境变化的一般规律，以便在此基础上估计和预测其在未来一段时间内发展变化的趋势。这样，企业就可以敏锐地发现、预见到机会和威胁，进而扬长避短，利用机会，避开威胁，主动地适应环境的变化。当然，还可以发挥企业的影响力，选择对自己有利的环境，或促使环境向对自己有利的方向发展。对企业的环境分析可以从宏观环境、微观环境两个方面进行，其中宏观环境主要由政治环境、经济环境、社会环境、技术环境等因素构成，微观环境可以从产业环境和市场环境等方面进行分析。

《孙子兵法·谋攻篇》曰："知己知彼，百战不殆；不知彼而知己，一胜一负；不知彼不知己，每战必殆。"因此，企业战略目标的制定及战略选择既要知彼又要知己，其中"知己"便是要分析企业的内部环境或条件，认清企业的优势和劣势。企业内部环境分析的内容包括很多方面，如组织结构、企业文化、资源条件、价值链、核心能力分析、发展沿革等。

有了系统全面准确细致的环境分析，企业才可以准确对自身的发展业务进行准确定位（见图6-3），从而进行相应的业务分解和价值链分析。

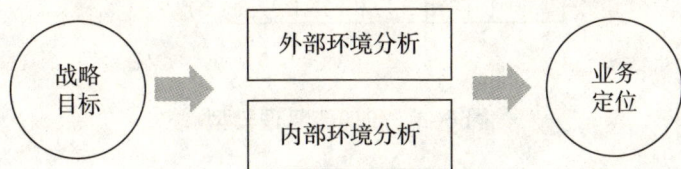

图6-3　业务定位示意图

（二）价值链分析

完成了企业的业务定位以后，我们就可以着手进行系统全面深入的价值链分析了。价值链是企业为实现客户价值，围绕需求识别、价值创造和价值实现而从事的各自独立、互相关联的各项活动。

第一，企业的价值链是为了实现其定位的业务范围内的客户价值而形成的，主要围绕客户需求的识别、客户价值创造和客户价值实现而从事的各自独立的活动，这些活动涉及整个企业，每项活动都直接或间接为特定客户创造价值，为企业创造利润，同时为公司带来无形价值，提升品牌价值。

第二，这些各自独立的活动又是相互关联的，共同为实现客户价值互相协作，互利共赢。

这些各自独立相互关联的活动根据其对客户价值的贡献可以分为基本活动和辅助活动，所谓基本活动指的是直接围绕客户需求的识别、客户价值的创造和实现而进行的各自独立相互关联的活动，辅助活动指的是虽没有直接从事与客户需求的识别、客户价值的创造和实现直接相关，而是支持基本活动，是基本活动正常进行的必不可少的活动（见图6-4）。

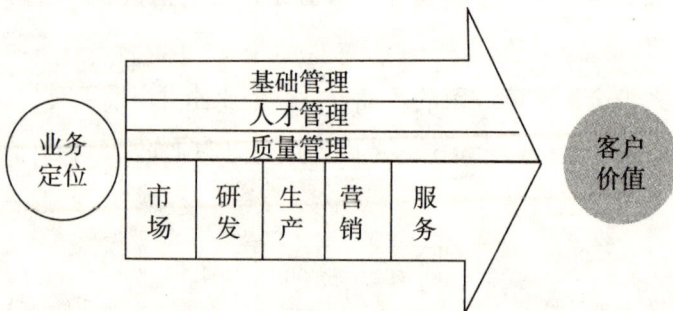

图 6-4 价值链管理模型

无论是基本活动还是辅助活动，他们都是各自独立同时又相互关联的活动，他们只有在实现客户价值所贡献的权重比例不同，没有重要或非重要之分，都是实现客户价值必不可少的活动。这些活动又有各自独立、互相关联的工作项组成（见图6-5）。

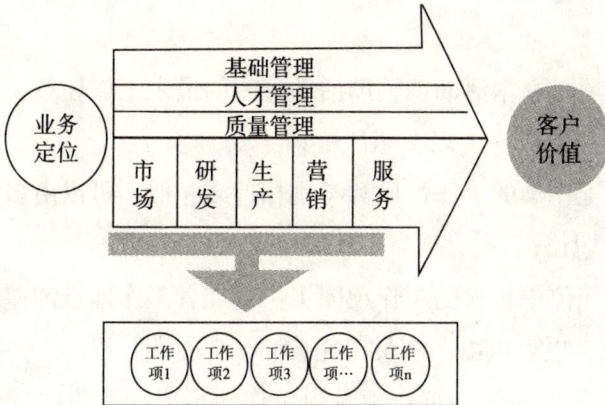

图6-5　工作项产生示意图

工作项就是进行基本活动或辅助活动的最小的单元工作任务，根据工作项的内容，按照相关性、相似性、相斥性原则，又会形成一个个职位（见图6-6）。

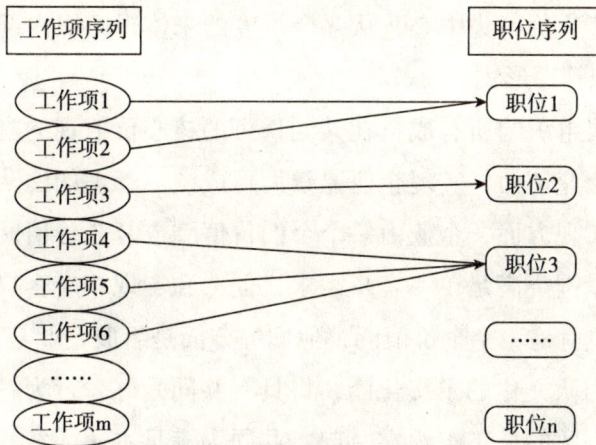

图6-6　职位形成示意图

职位是指在特定的企业中、在特定的时间内、由一个或多个特定的人所担负的一个或数个工作项所组成的工作任务集合。简单地讲，职位是指企业的某个或某些员工需要完成的一个或一组工作项的工作集合。

> 工作项是基本活动或辅助活动分解的最小工作任务，可以形成一个职位，不能形成一个以上职位；

> 有的工作项的工作性质和类别相近或相似，可以由多个工作项合并形成一个职位；

> 一个职位中包含的工作项因工作量或者工作地点的差异可以由一个员工完成，也可以由多个员工完成。

团队文化下对于各工作项及由工作项组成的职位的管理需要新的组织管理形式进行系统性管理，从而适应新的管理理论和管理实践的要求，促进社会经济向更高层次发展。多象限组织就是这一必然趋势的成果。

三、多象限组织

多象限组织指以共同的核心价值观为基础，以聚焦客户需求、创造和实现客户价值为中心，从多个维度的来体现组织内部各职位之间关系的组织管理形式。

多象限组织的所有成员在共同认可的核心价值观的凝聚下，为了共同履行企业使命，实现企业愿景而形成统一管理的团队。在企业的价值创造实现方面，企业由一个个的价值圈或复合价值圈构成，每个价值圈紧紧围绕满足单一客户需求，创造和实现相应客户价值开展相应工作。也就是一个个价值圈，他们一方面是组成企业基本价值单元，同时也是团队文化的子文化圈，将具有共同爱好、行为趋向等价值观取向更趋一致的员工组织在一起，共同为满足本圈的客户需求、创造和实现本圈的客户价值共同奋斗。如此一来，一个个的价值圈即形成了企业的利润的源泉，又成为员工能够和志同道合的同事一起工作，释放自身能量，实现自我的土壤。从而最大化实现员工价值和自我实现梦想的同时，实现企业的价值最大化。

（一）多象限组织的组织形式

组织内部各职位以满足特定客户需求、创造客户价值为中心而形成相应的价值圈以实现协作共赢的关系。一个价值圈应有需求识别、价值创造和价值实现等基本活动和相应的辅助活动组成（见图6-7）。

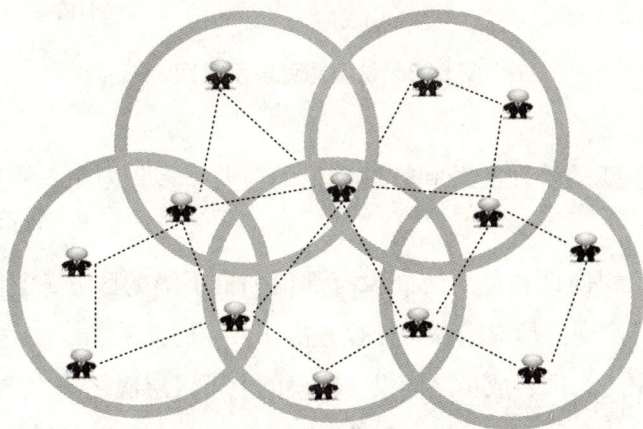

图6-7　多象限组织形式示意图

同时，具有相似产品/服务功能的价值圈基于价值最大化的原则可以形成复合价值圈，一个个价值圈、复合价值圈的组合则形成整体组织形式（见图6-8）。

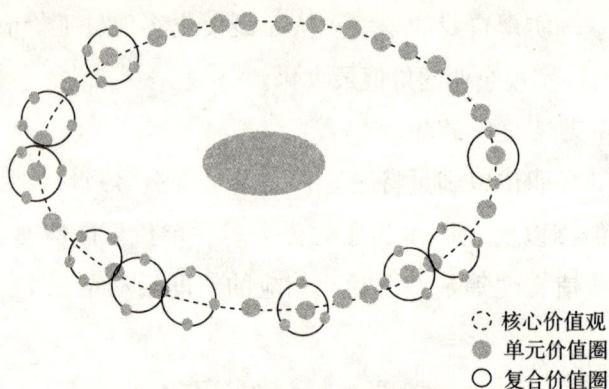

核心价值观
单元价值圈
复合价值圈

图6-8　价值圈管理示意图

为适应新的管理实践和管理理论的需要，多象限组织主要有以下特点：

（1）组织内部各员工之间没有部门和上下级的区分，只有在业务联系、价值实现上形成的互为依存、协作共赢的关系。

多象限组织的各成员之间没有明确的上下级层次之分，只有围绕客户需求进行的有效分工，为了创造和实现客户价值而互相协作，为了将价值有效传递到客户手中而实现共赢，彼此之间只有分工不同，而无高下之分，他们因互相协作而实现共赢，因共赢而实现彼此的自我价值。

每一个价值圈或复合价值圈紧紧围绕相应的客户需求而进行客户价值的创造和实现，整体企业在核心价值观的凝聚下，围绕企业的愿景和战略目标的实现而紧密配合，从而形成圈圈相连的统一整体。

（2）每一位有能力的员工都可以充分利用公司资源，以满足客户需求、创造和实现相应客户价值为中心组织相应的价值圈，成为"圈主"，最大化满足客户需求的同时，实现自身价值最大化。

在多象限组织的条件下，每一位员工都可以充分利用公司的资源，在能力许可的条件下，主动识别客户需求，并根据客户的需求特点组织相应的价值圈，共同创造和实现客户价值。在客户价值实现的同时，自身和价值圈的成员的自我价值也都得到了充分实现。由于价值圈的形成是主动进行的多方面选择的结果，从某种意义上来讲，"圈主"和每一个"圈员"都实现了自身的价值最大化。

（二）多象限组织的优点

（1）时刻直接聚焦客户需求，提高客户需求响应时间。

在多象限组织的下员工，其工作不再需要看领导的眼色行事，处处小心谨慎，防止一不留神的失误，引来不必要的伤害。同时还会给领导带去不愉快，说不定还给自己以后的发展留下祸根，他们只需要时刻聚焦于客户需求的识别、客户价值创造和客户价值实现上即可，这不仅仅是多象限组织条件下的员工需求，也是公司实现价值最大化的需求。

当客户需求得到有效识别后，每个员工都可以根据客户需求的特点，在进行客户价值创造和实现时及时进行资源的有效配置，这就避免了传统组织结构下的层层申请、审批，从而具备了及时响应客户需求的组织要素。

（2）每一个员工从"任务执行者"变成了"实际决策者"，可以感受到工作的成就感，从而全方位满足员工自我实现需求。

处于价值圈的员工，在自己的价值创造节点上，都能够根据客户价值创造和实现的需要，根据客观实际进行可支配资源的优化配置。这样，每一个员工都从"任务执行者"变成了"实际决策者"，全面感受到工作的成就感同时，也满足了员工的全方位的自我实现需求。

（3）单元价值圈或复合价值圈的价值流可以达到最优化，价值实现效率更高。

由于每一个单元价值圈或复合价值圈只针对特定的客户需求，价值流相对单一、流畅、无交叉，整体上来说，价值流可以达到最优化，从而价值实现效率更高，交期更加及时，面对灵活多变的客户需求，更加具有针对性。

（4）单元价值圈或复合价值圈的无效工作较少，成本更低。

也是因为每一个单元价值圈或复合价值圈的价值流相对单一，最大程度减少了搬运、转线、等待、库存等不能直接产生客户价值的工作，从而成本更低，传递给客户的有效价值更高。

（5）单元价值圈或复合价值圈的团队成员可以根据一手信息直接进行资源配置，减少信息失真，提高资源配置效率。

团队里的每一个成员都直接面对客户需求，直接在客户价值创造和实现的第一线，可以根据所掌握的第一手信息进行资源配置，杜绝了信息因层层传递而失真的现象，从而可以有效提高资源配置效率。

（6）每一个成员都聚焦于客户需求开展工作，实现汇智聚才，以才生财。

团队里的每一个成员都同时直接面对客户需求，在创造客户价值、实现客户价值的过程中，大家可以齐心聚力、心无杂念、避免扯皮，从而凝心聚力，集中大家的集体智慧共同创造和实现客户价值，最大化实现集体的智慧，最大化创造和实现客户价值。同时，在实现客户价值的过程中，也实现了自我价值。

诚然，多象限组织的特点需要建立相匹配的价值链管理体系和相应的企业文化，以更大发挥多象限组织的优点，下面两章就分别从这两个方面进行展开。

本章小结

1. 无论是管理层级的减少、组织结构的无边界化和网络化，还是组织运作的柔性化、流程化，都反映了多象限组织的特点。为多象限组织管理模式的进行了有意的探索，奠定了实践基础。多象限管理模式是社会经济发展和管理实践的必然。

2. 构成价值链的基本活动和辅助活动，他们都是各自独立同时又相互关联的活动，他们只有在实现客户价值所贡献的权重比例不同，没有重要或非重要之分，都是实现客户价值必不可少的活动。

3. 多象限组织指以共同的核心价值观为基础，以聚焦客户需求、实现客户价值为中心，从多个维度来体现组织内部各单元之间关系的组织形式。

第七章　多象限组织下的拉动式价值链管理

构成价值链的相互独立又相互关联的活动，如何进行关联管理则非常值得注意：可以各自为政，互相挑剔，有利则据为己有，有责则推诿扯皮；也可以互相协作、相互支持，有利共同分享，有责共同分担。

因而，如何建立有效运行的多象限组织，进行相向并进的团队管理则显得至关重要。

一、多象限组织的建立

多象限组织虽然避免组织结构垂直边界、水平边界和地域边界带来的弊端，但仍然需要相应的管理体系来保证多象限组织的有效运行。这不仅仅是日常工作组织管理的需要，更是建立共同认可的核心价值观的心理纽带的需要。

（一）共同认可的核心价值观

多象限组织是建立在共同认可的核心价值观的基础之上的，在共同认可的核心价值观的凝聚下，企业的每一位员工为了履行共同的企业使命，实现公司的发展愿景，一起为创造和实现客户价值而努力；在共同认可的核心价值观的凝聚下，大家具有相同的价值取向和行为模式，一起为实现公司的战略目标辛勤工作；在共同认可的核心价值观的凝聚下，大家具有相同的视觉识别系统，持续巩固工作理念和行为方式，为打造优秀的品牌而奋斗。

在共同的核心价值观的引导下，能够保证多象限组织的整体价值取向和企业行为保持正确的发展方向，同时保证各个子团队或复合团队及员工个体的总体价值导向和行为趋向与整体价值取向和企业行为保持一致。同时约束多象限组织的反文化价值取向和行为导向，最大限度减少反文化出现的概率。

多象限组织的核心价值观同样体现了价值观一致基础上的情感凝聚功能和心有灵犀的知心情愫和一致地满足客户需求、创造和实现客户价值的自我实现的凝聚功能。同时，知音、自我实现上的精神激励就足以让每一个员工开心快乐地发挥自己的最大价值、释放自己的最大能量。

而多象限组织下的团队文化体系为建立共同认可的核心价值观提供了体系性保障。多象限组织下的团队文化体系的建设、完善和发展的具体内容请参见本书第八章内容。

当然，共同认可的在核心价值观的多象限组织里，虽然大家为了满足共同的客户需求，共同创造、实现客户价值而形成集体，但是还需要相匹配的组织形式按照其内在规律有效运行，才能更大发挥团队的价值。接下来，我们就一同进入对团队的组织管理内容的深入探讨。

（二）基于客户价值实现的价值圈管理体系

多象限组织指以共同的核心价值观为基础，同时以聚焦客户需求、创造和实现客户价值为中心展开各项工作。他不仅需要共同的以核心价值观为基础的心理认知模式，还需要能及时对客户需求灵敏反应、共同创造和实现客户价值的价值圈管理体系（见图7-1）。

图 7-1　价值圈管理模型

1. 需求识别

（1）市场需求分析

价值链的起点在于认真倾听目标客户的呼声，"客户的呼声"包括来自内部和 / 或外部客户们的抱怨、建议、资料和信息，这需要广泛深入的市场研究。有效识别客户关注的事项 / 需求，一般情况下可以通过以下方式来进行研究：

> 对客户的采访；

> 客户意见征询与调查；

> 市场测试和定位报告；

> 新产品质量和可靠性研究；

> 竞争产品质量的研究；

对于已经具备产品价值实现的公司，还可以包括以下内容的任何信息，来进行客户需求的分析：

> 来自管理体系的反馈建议；

> 媒介的评论和分析：杂志和报章报告等；

> 客户的信件和建议；

> 售后服务情况良好 / 情况不良报告；

> 销售商意见；

> 供应链负责人的意见；

> 现场服务报告；

> 利用指定的客户代理所作的内部评价；

> 政府的要求和法规；

> 合同评审。

对于客户需求的分析，应建立标准化的客户需求分析机制，并持续完善发展，形成螺旋上升的循环管理体系。

（2）产品需求分析

有效分析目标客户需求以后，还需要进一步将客户需求细致的转化为产品要求，通过对有关客户期望的分析而得出的产品要求的初始清单。这一清单的制定基于（但不限于）客户需要和期望分析的产品设想，并形成产品需求包，万不可让认真倾听的目标消费者的呼声消失于所谓的纷繁的日常杂务中。

2. 产品概念定义

有了产品需求的相关信息，可以基于以下原则（但不限于以下原则）进行产品概念定义：

> 差异化创新，不走寻常路；

> 要么最老，要么最新；

> 跟行业老大对着干；

> 总是随波逐流；

> 成为行业专家。

有了明确的产品概念定义，就需要把我们认真倾听的消费者声音转化为本公司的产品设想了。

（1）价值创造

A. 设计分析。完成了对客户需求的识别，接下来就需要根据消费者的需求包和产品概念定义，进行设计需求分析，将客户的呼声转化为初步和可度量的设计目标，初步确定资源需求、产品流程可靠性和质量保证计划。

B.产品设计。有了设计分析为基础，也就为有效把消费者声音转化本公司产品提供了有力保障。一个可行的设计应包括从产品试验到产品模拟使用和有关服务满足客户呼声目标的所有环节。同时还要能满足目标客户的使用量、时间和产品性能要求的能力。典型的设计可从以下方面（但不限于）展开：

> 设计风险分析；

> 可实现性和集成设计；

> 设计验证；

> 设计评审；

> 相关规范及性能要求；

> 新技术、新设备、新环境、新设施等创新要求；

> 产品和过程特殊特性；

> 测试设备要求。

（2）产品实现

产品实现阶段首先需要保证的是设计阶段的相关信息要得到有效及时的传递、消化并得到有效执行，这些信息包括但不限于：

> 产品实现风险分析；

> 质量控制计划；

> 性能规范／标准；

> 流程图；

> 过程参数要求；

> 员工的技能要求保障。

这些信息应根据实际需要及时更新，保持最新有效版本，并保证作业者易于获取。

有了这些有效的信息作保障，还不能保证万事无忧，在产品实现的过程中，随时都会出现可以预见和无法预见的情况，因此必须及时对各种信息进行变更升级，值得强调的是，任何信息的变更，都很难确保是单一的点上的变更，更为常见的是相互关联的变更，因而，进行信息变更时，必须考虑信息的关联变更。

在进行信息变更的同时，还要深入分析引起变更背后的原因，做到知其所以然。当然，窥一斑而见全豹，同类的潜在变更也应该得到及时识别，从而保证价值实现的最大化。

在产品实现阶段需要进行检测时，还必须保证检测系统的有效性，必要时还要对其准确性、重复性和再现性进行系统全面的评价，确保不会因为检测结果而造成产品实现过程中的分析误判。

3. 价值实现

（1）价值传递

在产品实现过程的同时，还需要采取相应的传播工具，对目标客户进行有效的价值传递。在价值传播的过程中，可以采用136（即1个焦点，3种方式，6大工具）等各种有效的传播方式。所谓136即1个焦点，3种方式，6大工具。

进行价值传播时，必须以目标客户为传播焦点，避免力量分散，此为1个焦点。

所谓三种传播方式，指的是分众式、体验式、互动式传播。

> 分众式传播

分众式传播指的是针对公司产品的决策者、购买者、使用者进行差异传播。通过互联信息系统，利用大数据技术，对公司产品价值实现过程中的决策者、购买者和使用者进行价值细分，将产品利益点分别通过不同渠道针对决策人、联系人、使用者展开传播。

针对公司产品的关键决策者，可以采取事件和体验、公共关系、直接营销的方式进行传播。通过举办各类由客户关键决策者参与的活动，如移动高尔夫球俱乐部、信息化健康之旅、印象之旅等活动对关键决策者开展关系营销；通过会议营销向关键决策者传播产品信息；依靠互联信息系统，向企业的关键决策者直接传递信息，关键节点上门服务，向决策者进行精确传播。

针对购买者，采取广告、销售促进进行传播。应用电视、报纸和专业杂志的广告，向购买者传递产品信息。同时应用展览会，展销会的方式现场转播产品，然后购买者现场体验。同时通过数量折扣和折让的方式促成价格谈判。

针对使用者，主要采取广告、事件和体验、人员推销、直接营销的方式进行传播。通过大众广告的方式，让使用者首先了解产品，通过推销人员现场演示，通过各种体验活动，让使用者现场体验到移动信息化产品的优势，通过电话跟踪、电子邮件等方式收集使用者的用后反馈，使公司的产品更加切近使用者，促成销售的实现。

> 体验式传播

让客户在接受产品传播的过程中同时也体验公司的产品和服务。可以在目标客户流量最大的网站开辟体验网络专区，引导客户通过体验方式增加对产品的理解。

> 互动式传播

改变原有的单向告知式传播，将传播与体验、反馈和销售结合。用规范会议营销的操作方式进行现场互动，有针对性对目标客户开展互动营销；互动传播既是向客户传递信息的过程，又是客户向公司回馈信息的过程，其中更应该注重的是客户通过体验对产品的信息回馈，这对于更好地发掘客户的需求有着巨大的帮助。

所谓6大工具，指的是广告、销售促进、事件和体验、公共关系、直接营销、人员推销和直接营销等价值传播工具，这些工具的应用应该围绕传播焦点、结合传播方式适时选择使用。

（2）交易促成

有了有效的需求识别和价值传播，交易促成也就水到渠成了，当然一些成交的技巧也是应该借鉴的，如从众成交法、水落石出法等等。

（3）持续服务

客户服务管理的核心是维护企业与客户之间长期、稳定、良好的合作关系。在维护良好关系的同时，及时消化客户的信息反馈，为公司的产品升级奠定基础。

针对以聚焦客户需求、创造和实现客户价值为中心的价值圈管理，应建立标准化机制，并持续进行完善发展，逐步形成螺旋上升循环管理体系。

在聚焦客户需求、创造和实现客户价值的螺旋式上升循环管理体系中，有三个关键节点值得注意，也即是在聚焦客户需求、把握消费者诉求的同时，要全面准确地把消费者诉求转化为产品设计规范，并把产品的设计规范全面准确地转化为产品规范，从而保证产品的各项功能与消费者诉求保持最大化契合（见图7-2）。具体操作可参考附文《价值链管理矩阵图》。

消费者诉求 → 设计规范 → 产品规范

图7-2　消费者诉求转化

（三）韦尔奇的"无边界"管理实践

杰克·韦尔奇被誉为全球第一CEO。从1981年入主美国通用电气（GE）开始，在短短20年的时间里，韦尔奇使通用电气的市值达到了4500亿美元，增长了30多倍，排名从世界第10位升到第2位。令韦尔奇获得巨大成功的关键就在于他突破了传统的管理模式，创造了扁平的、"无边界"的管理模式，可以说是无边界的管理模式再造了GE。

杰克·韦尔奇入主GE时，公司的状况并不差：总资产250亿美元，年利润15亿美元，拥有40万名雇员，财务状况是3A级的最高标准，它的产品和服务渗透到国民生产总值的方方面面。然而在杰克·韦尔奇看来却存在着诸多的问题：许多业务部门不具备行业优势，竞争力不强，家电业务正面临着日本等国企业的严重冲击。最为严重的是，GE机构臃肿，管理层级复杂，层次过多，灵活性低，僵化的官僚气息令他头痛。正是僵化的体制使得员工习惯于以往的成就，循规蹈矩，看不到未来的危机，缺乏创新，很难有大的突破。离他想象的 GE 应该是"迅速而灵活，能够在风口浪尖之上及时转向的公司"相差太远。

于是杰克·韦尔奇开始再造 GE，提出了"无边界"的理念：将各个职能部门之间的障碍全部消除，工程、生产、营销以及其他部门之间能够自由流通，完全透明；"国内"和"国外"的业务没有区别；把外部的围墙推倒，让供应商和用户成为一个单一过程的组成部分；推倒那些不易看见的种族和性别藩篱；把团队的位置放到个人前面。

经过多年的硬件建设——重组、收购以及资产处理，无边界变成了 GE 社会结构的核心，无边界的管理思想渗透到 GE 管理的各个方面，也形成了区别于其他公司的独特价值观：我们所有人永远坚定地保持正直的品格；坚持做到卓越，决不容忍官僚主义；按照无边界模式的方式行事，时时探索和应用最好的理念，无论它来自何处；珍视全球的智力资本及其提供者，尽可能地建立多元化团队。正是在这样的价值观指导下，GE 才真正整合为一个运作良好的系统；正是在无边界管理理念的指导下，GE 才不断创新，如推行"六西格玛"标准、全球化和电子商务等，无不走在其他公司的前面，始终保持充沛的活力，取得了惊人的成就。

从韦尔奇的"无边界"组织中，我们已经看到了多象限组织的影子，其管理实践上的理念启发和经验积累为多象限组织的推行树立了理念导向、积累了实践经验。

以共同认可的核心价值观为基础的围绕客户需求、创造和实现客户价值建立的价值圈管理体系的有效运行还需要相应的动力，只有源源不断的动力才能使多象限组织下的价值圈健康有效运行，并不断得到完善和发展。

二、拉动式价值链管理

传统的价值链管理模式下，一般是在接到客户的订单后就开始估算工时，然后按工艺流程的顺序安排各流程周期和提前期，顺次确定各环节的完工、交接时间。在批量大、品种少、周期宽裕的产品结构模式下，这种"推动式"管理较为简便，易于操作。但在新时期的小批量、多品种、短周期的情况下，不同产品、不同工作流程互相交叉、互相混合的情况下，这种管理方式的局限性很快就凸现出来了。最明显的特征就是库存的制品大量增加，这是因为在多品种、多工序、多环节的组织形式下，已经很难制订一个严密、准确的工作计划，于是就采取增加在制品的储备，靠增加库存来调节时间，并延长提前期，以加大安全系数，殊不知这样一来反而由于破坏了价值链管理中最基本的要求——连续性、比例性和均衡性，各环节的节奏得不到有效的保证，于是就造成产品配套上的混乱，除了大量占用生产力，加剧了生产能力与负荷不平衡的矛盾之外，还增加了管理的边际成本和复杂性。

（一）拉动式管理

拉动式管理就是以满足客户需求为导向，以客户价值创造为中心，以客户价值实现动力，拉动以需求识别、价值创造、价值实现为主要内容的价值链管理方式（见图7-3）。

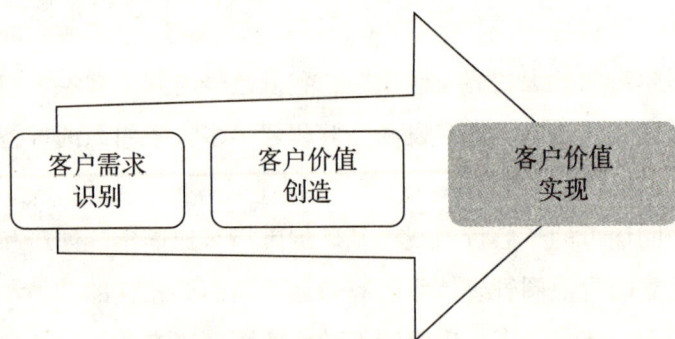

图7-3　以客户价值实现为动力的拉动式管理

相对"推动式"管理，而拉动式生产则是以交货日期、数量为始点，逆工艺顺序依次确定各生产环节的产出、投入时间和数量来编制工作计划的一种方法。拉动式管理的整个价值链的拉动力产生于最终的客户价值实现，产品生产是根据实际客户需求而不是预测需求进行协调的。

（二）拉动式管理特点

1. 以客户需求导向

价值圈的形成起点于客户需求的识别，只有当客户需求被有效识别的情况下，才会根据客户需求的特点，组建相应的价值圈或复合价值圈（当客户需求的种类、批次较多时，就需要组建复合价值圈），同时进行相应的资源配置。

所以，无论是价值圈的组建、管理，还是资源的配置、客户价值的实现，都是建立在有效的客户需求识别基础之上的，都是以客户需求为导向的。

对于客户需求的识别，也需要具备相应的条件：首先，客户需求必须符合公司的战略定位，为公司的战略目标的实现奠定基础性工作。偏离公司战略定位的客户需求，也许能够给公司带来短期收益，但其引起的对公司战略定位的质疑及其辐射所产生的模仿效应，对公司战略的定力和公司主流文化的破坏力，都是无法估量的。其次，客户需求必须在公司的能力或潜在能力的范围，而不能超出公司的业务能力范围，否则，引起的后续负面效应会远大于因此项业务给公司带来的短期收益。最后，对于因外包而形成的关联价值链，其质量、交期、成本等管理风险必须在公司的可控范围内，公司同样对外包业务承担与本公司价值链创造的客户价值同样的责任，不能因为外包而进行区别对待。

同时，员工还要具备识别假性客户需求，甚至是骗子需求的能力。防止因上当受骗给公司带来不必要的损失，这不仅仅要求员工自身要不断提高自我的能力，还要求公司必须建立相应的培训管理体系，保证本公司的员工都是在自己的能力范围内进行工作。

2. 以客户价值实现为动力

对客户需求进行了有效识别，就需要以客户需求的质量、时间、成本为终极目的，组建相应的价值圈，配置相应的资源，制订相应计划和相应的管控机制，确保客户需要按照合约的质量要求，在约定时间内完成客户价值的传递。

而完成这一切的工作，包括客户价值创造工作，无疑都是以客户价值的实现为动力，在客户价值实现的拉力下，拉动各项工作围绕客户价值实现有序进行。

3. 以客户价值创造为核心

价值圈的核心工作在于客户价值的创造。

如果说客户需求的有效识别是一切工作的导向，客户价值实现是一切工作的动力，那么，客户价值创造则是一切工作的核心枢纽，也是价值圈存在的价值所在和公司的核心竞争力的主要表现。

客户价值创造不仅仅是客户价值实现的前提，同时还是公司软实力的核心载体。公司的价值实现体系、激励体系、文化体系、人才管理体系、目标管理体系等都是以公司的客户价值创造活动为载体，而进行健康持续运行的，同时也是通过客户价值创造活动所反馈的信息而进行不断完善的。

（三）拉动式管理的实施关键

1. 共同的理念为核心

拉动管理的根本驱动力，在于共同的核心价值观与企业使命，因而，准确进行企业的使命定位，确定相应的核心价值观是根本要求。这里包含两层意思：一是作为公司的负责人，首先根据社会分工的需要，明确企业的社会定位和社会价值，准确进行企业定位，确立企业使命，展望企业愿景，并及时、有效向每一位员工进行传达、说明，让每一位员工都理解企业的使命定位和发展愿景，从而对公司的发展充满相应的使命感和自信心，并以企业的核心价值观作为自己的行为导向。二是在明确企业使命、愿景、核心价值观的基础上，厘清企业使命和个人理想的关系，厘清企业的社会价值和团队价值的关系，厘清团队价值和个人价值之间的关系，从而使员工在从事具体日常工作的同时，看到团队的方向，理解公司的发展战略。

当个人与团队工作的意义清晰明了的时候，个人与团队工作面对的是目标与价值，而不再是传统意义的上级与领导；对价值负责，而不是对领导负责，则积极主动成为可能，拉动力得以发挥与体现。同时，对于共同愿景的理解与认同得以加深与巩固，共同愿景便不再是虚无缥缈的镜花水月，而是与个人和团队贡献直接相关的价值目标。只有对共同愿景有着统一的认识，高度的认同，虔诚的心态，拉动管理才有真正实施的氛围与思想基础。

2. 观念转变是前提

拉动式管理在实际工作中的推行，不仅仅需要方法和技巧，更需要深入到公司的主流文化、深入到每一个员工的思维意识当中，从某种意义上讲，是具有颠覆性的。像我们经常所说的计划赶不上变化，就是因为原有管理下的计划是一步一步往前推进的，而在往前推动的过程中的变量太多，涉及其他部门、其他岗位的工作自己又无法控制，在思想意识上就形成了走一步算一步的惯性思维，其结果是无法保证的。而拉动式管理是以客户价值实现为最终目的的，是以客户价值的实现拉动价值圈的每一个价值创造点的工作的，这中间没有任何理由与借口。

我们现有管理中普遍存在着这样心理状态：上级不安排，下级坐着等；上级不指示，下级不执行；上级不询问，下级不汇报；上级不检查，下级拖着办；多干事情多吃亏，出了问题找借口。这也可以说是根深蒂固的"心智模式"，同时影响着看待世界、对待事物的态度（当然包括工作），影响着公司主流价值观的构建和发展。

所以，推行拉动式管理，需要痛苦的改变、改善心智模式。而改善心智模式是痛苦而艰难的，不仅仅需要企业决策者的决心和意志，更需要每一个员工的决心与恒心。

3. 拉动式管理本身既是认识论，也是方法论

方法论很重要，没有正确的方法做不成事情。方法论的实践也需要技术工具支持，拉动式管理最重要的工具系统是"拉力（客户价值实现拉力）"，有了这个拉力，各节点都可以充分掌握客户信息，都可以明确客户需求、时间节点需求、综合价值需求。就可以在客户价值实现拉力的拉动下有效拉动各价值创造点有序活动，共同创造客户价值。

（三）拉动式生产管理在制造业中的实践积累

20世纪中期，日本的汽车市场非常小，且不稳定，但对产品种类的需求却较多，但是，汽车公司自身的管理状况却不容乐观：

> 产品质量不稳定；

> 交货期长；

> 总装车型品种多、批量小；

> 生产过程中的库存量极大。

丰田公司同样也面临这些问题，当时的丰田公司负责人大野耐一凭借超群的想象力，通过对美国超市货物的研究，带领公司的管理人员发明了拉动式生产方式（或称准时化生产方式JIT、看板生产方式），旨在按需要的时间，按需要的品种，按需要的数量，生产客户所需要的产品。通过拉动式生产管理，丰田公司减少了因搬运、仓储、过时产品、修理、返工、设备、设施、多余存货（包括正在加工的产品及成品）而带来的浪费，从而为公司带来以下成果：

> 降低制造成本和管理成本；

> 缩短从投产到产品交付的整个制造周期；

> 目视化管理一切资源；

> 提供管理与平衡物流的方法。

1989年，美国麻省理工学院发表了"改变世界的机器"的著名报告，总结了丰田的生产方式，指出了它的重大历史意义，并把日本取得成功的生产方式称为精益生产。精益生产的基本目的是，要在一个企业里同时获得极高的生产率、极佳的产品质量和很大的生产柔性，消除价值流中的一切浪费。

丰田公司通过拉动式生产管理取得了成功，引领了整个日本汽车行业的发展，并成功超越美国，一跃成为世界第一大汽车生产国。美国通过对日本成功经验的认真总结和提炼，在实践中学习精益生产方式，也取得了较大的成功，1990 年其在北美的市场份额终于超过了日本。

现在，以拉动式管理为基础的精益生产作为一种新的生产管理模式，已经在全世界得到学习、推广，在我国也不断开花结果。

三、拉动式团队激励

假定棕熊与黑熊都养蜜蜂采蜜，棕熊认为，蜜的产量取决于每只蜜蜂的辛劳程度即对花的"访问量"（天天加班才好）；而黑熊的想法不一样，它认为蜜的产量关键在于蜜蜂每天采回多少花蜜，即每个价值圈产生的价值。于是各自建立了绩效管理系统，棕熊重点测量每只蜜蜂接触花的数量，既工作量；黑熊测量每只蜜蜂每天采回花蜜的数量和整个蜂箱每天的产蜜量。很明显，棕熊的管理还是推动式的，单只蜜蜂的工作量并不与最终结果直接相关，不一定是增值活动，因为为了提高访问量，就不能采太多的蜜，这样会影响飞行速度；同时，某只蜜蜂发现了大片的花源，也会封锁信息，不愿分享，因为考核的是每只的工作量，分享反而影响自己的成绩。而黑熊的蜜蜂就不一样了，因为工作直接与结果并且与整体价值相关（整个蜂箱的产蜜量也被考核），为了采集到更多的花蜜，蜜蜂相互合作，嗅觉灵敏、飞得快的负责寻找花源，力气大的一齐去采集花蜜，其余的酿蜜，拉动就这样自然发生了。最终，虽然采集花蜜最多的蜜蜂能得到最多的奖励，但产蜜量高了，大家都能得到好处。

拉动式管理是多象限组织下的拉动式管理，其激励体系也是多象限激励模式。同一位员工在多象限组织的模式下，担任多重角色，给公司创造的价值也是多重的，因而受到的激励也是多重的。

具体参见《理才丛书·卓越绩效》和《理才丛书·精准薪酬》。

本章小结

1.拉动式管理就是完全以满足客户需求为导向，以客户价值创造为中心，以客户价值实现拉力，拉动以需求识别、价值创造、价值实现为主要内容的价值链管理方式。

2.价值圈的形成起始于客户需求的识别，只有当客户需求被有效识别的情况下，才会根据客户需求的特点，组建相应的价值圈或复合价值圈（当客户需求的种类、批次较多时，就需要组建复合价值圈），同时进行相应的资源配置。

3.拉动式管理是多象限组织下的拉动式管理，其激励体系也是多象限激励模式。同一位员工在多象限组织的模式下，担任多重角色，给公司创造的价值也是多重的，因而受到的激励也是多重的。

第八章　形与实的统一

在科技日益发达、物质日益丰富的今天，我们最深刻最多样最难满足的永恒需求，还是在精神方面，人是不能在物质生活中得到最终的安宁或真正的幸福的。超越物质、超越自我而走向终极的态势或趋向是今日文明的动力，是民族文化的灵魂，是真正的人的精神。现实生活中，作为以创造物质财富为主要社会功能的企业，在其追求利润最大化的目标下，其形而上的追求往往被红尘所遮裹，往下扯一扯，公司就会成为脱衣舞的聚财招牌；而往上提一提，它则是各种"形象代言人"三围展示；从另外一个角度进行审视，作为以创造物质财富为主要社会功能的企业，在经济发展日益重要的背景下，企业也日益成为很多人实现人生梦想、成就人生价值的舞台。因而多象限组织在帮助公司有效实现客户价值，满足企业社会功能需要的同时，如果再与相应的企业精神内涵相结合，下可入地狱，上可入天堂。决定公司入地狱还是上天堂，则是与多象限组织融合的企业文化决定。上天堂就必须浇铸和多象限组织相融合的上天堂的灵魂，并坚信"德不孤，必有邻"。

从企业的终极目的意义上来讲，建立形实统一的文化体系（见图8-1），实现形与实的协同才应该运营企业所追求的极致。所谓实的最根本的源泉，无论是政党、团体、企业还是个人，无疑都来源于其存在的社会使命。当一个政党、一个团体、某个企业、某个人充满符合时代要求的使命意识，义无反顾追求其使命价值时，定会为社会创造不可估量的精神和物质财富，同时最大化实现自身价值。

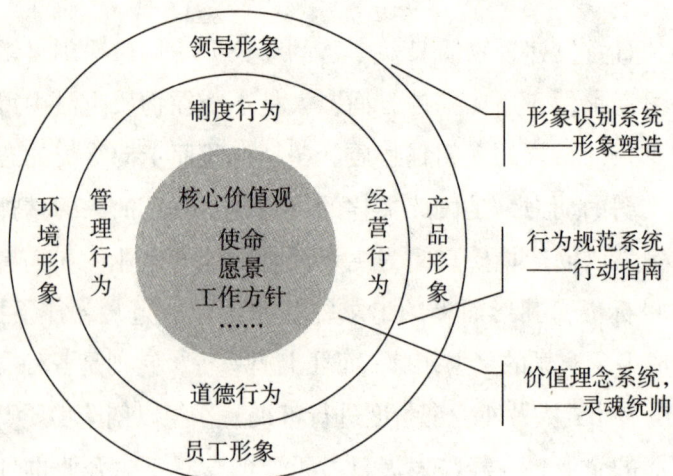

图 8-1 文化管理体系示意图

一、铸 魂

（一）公司使命

企业使命是指企业在社会分工中的角色、任务或总体功能，反映了一个组织之所以存在的理由或社会价值（组织为什么存在），从某种意义上来说，企业从诞生的那一天起，就已经决定了其存在的社会价值，具有了相应的社会期望；就已经具有了社会分工角色和社会生存依据，所以，企业的梦想就是履行自己的企业使命，满足自己的社会功能。当企业不断满足社会期望、持续回馈其存在价值时，企业就会不断发展、壮大；当企业不能回报社会期望、不能回馈其存在价值，甚至在不断透支其存在价值的时候，企业走向衰弱甚至破产则是必然的。

社会对企业的社会期望在一定时期内是相对稳定的，长期来说，是不断发展变化的。如果一个企业找不到合理的存在理由和社会价值，企业的经营问题就大了，也可以说这个企业已经没有存在的必要了，而不论这种原因或者理由是"提供某种产品或者服务"，还是"满足某种需要"或者"承担某个不可或缺的责任"。

同时，使命为企业的管理者确立了一个经营的基本指导思想、原则、方向、经营哲学等，也许它没有被表述为文字，但影响经营者的决策和思维。这中间包含了企业经营的哲学定位、价值观凸现以及企业的形象定位：公司经营的指导思想是什么？我们如何认识我们的事业？我们如何看待和评价市场、客户、员工、伙伴和对手？

企业使命决定了企业经营的形象定位：它反映了企业试图为自己树立的形象，诸如"我们是一个愿意承担责任的企业""我们是一个健康成长的企业""我们是一个在技术上卓有成就的企业"，等等，在明确的形象定位指导下，企业的经营活动就会始终向公众昭示这一点，而不会"朝三暮四"。

当然，我们不必刻意追求一个伟大的、正确的使命，而要切合自身实际，确定一套能凝聚和激励员工的理念，并贯穿渗透下去，形成全体员工的共识，使它成为能在竞争中取胜的利器。

小故事一枚：

1894 年接掌《纽约时报》并由此创造了该报辉煌的阿道夫·奥科斯，经常给他下属讲"三个石匠"的故事：中世纪的一个行吟诗人在路上先后遇到了三个石匠。他分别问他们："嘿，干什么呢？"

第一个说："在凿石头呢。"

第二个说："我在雕刻一块基石。"

第三个回答令人振奋："我在建造一座大教堂！"

在同一工地上，干同一项工作，但由于他们心中的使命不一样，从而带来了不同的人生命运：第一个，把工作看作是为了养家糊口，后来还是一个教堂维护工；第二个，把工作看作是一门技艺，他则成为教堂后续工作的管理者；只有第三个，把工作看作是一个伟大事业，最后成为一个著名的建筑家。

（二）发展愿景

企业的发展愿景指企业履行自身使命、满足社会价值期望所渴望的未来图景和境界，是一个企业的整体发展方向和所要追求的目标（领导者希望公司发展成什么样）。企业的发展愿景具有一定的预见性，它勾勒了一幅企业的未来发展蓝图，并在一定范围考虑了企业所在行业可能发生的变化以及导致变化的驱动力量；它具有自己独特的个性，这是企业所承载的独特的发展使命和社会期望所决定的，也是区别于竞争对手的独特魅力所在；企业愿景应该是集体的智慧成果，凝聚着集体的共识，值得一起奋斗。

（三）核心价值观

企业的一切活动都可以归结为资源的配置、消费与价值的创造，企业的整个生命周期就是在价值观的指导下，根据自己的生存环境，按照最大的价值效率，满足社会价值，履行企业使命。

企业的核心价值观就是指企业在从事生产、流通、服务等基本经济活动中，提供产品或服务的过程中形成的对周围的客观事物（包括人、事、物）的意义、重要性的整体评价和看法，其本质就是企业的决策者对客观事物的价值特性的主观反映，其客观目的在于识别和分析事物的价值特性，以引导决策者对有限的价值资源进行合理分配，以实现其最大的价值。

核心价值观的特点：

＞核心价值观具有相应的价值取向、价值追求，会凝结为一定的价值目标。

＞核心价值观是价值尺度和准则，会成为判断价值事物有无价值及价值大小、是光荣还是可耻的评价标准。

> 核心价值观具有相对的稳定性和持久性。在特定的时间、地点、条件下，核心价值观总是相对稳定和持久的。比如，对某种事物的好坏总有一个看法和评价，在条件不变的情况下这种看法不会改变。但是，随着企业的不断发展壮大，企业的社会使命也会改变，企业的员工队伍、员工结构、知识层次也会有很大变化，这时，企业的核心价值观也会随之改变。相对来说，企业的核心价值观也处于不断发展变化之中。

> 核心价值观看起来是"虚"的，其实是"实"的，它是为实现使命而提炼出来并予以倡导，指导公司员工共同行为的工作准则；它是深藏在员工心中，决定影响员工行为，并通过员工日复一日表现出来的处事态度。

中国古语说：志不同则道不和，道不和则不与谋。如果你同你喜欢的人在同一条船上，这个船开到哪里都没有关系。志同道合，就是拥有共同愿景、使命和核心价值观，这是企业基业长青的保证。

（四）企业亚文化／团队文化的和谐统一

在一个企业，不仅仅有主流文化，还会存在相应的亚文化、亚亚文化或者叫团队文化；不仅仅存在企业的使命、愿景、核心价值观，还会有人才体系的使命、愿景、核心价值观；质量体系的使命、愿景、核心价值观；技术体系的使命、愿景、核心价值观；营销体系的使命、愿景、核心价值观等等。除了这些职能体系的亚文化团队之外，还会有篮球爱好者、羽毛球爱好者、文学爱好者等等作为企业的亚文化存在的团队。

作为企业亚文化存在的团队，从某种意义上来讲，是对企业主流文化的补充和完善，但同时应该注意的是，当一个企业的主流文化不明确的时候，亚文化就会成为主流文化的可能性就会很高，甚至成为反文化、主流文化。

这就要求企业的主流文化不仅仅具备主导地位，还要有相应的包容性。主导地位确定整个公司的核心价值不会存在重大偏颇，其包容性又可以使得这些亚文化对主流文化进行相应的补充和完善。

（五）全员参与与闭门造车

在企业文化建设的具体操作上，有的公司是几个主要管理人员的集体决策，有的是集体动员、全员发动，但经常疏于引导。

闭门造车固然高效，这不仅要求造车者具有很高的能力，但是会给后续的有效推行带来相当大的难度，操作不当，极易形成纸上文化、墙上文化。

全员参与的方式，一方面效率不高，另一方面很容易因为员工认识层次的参差不齐而形成的主流文化的定位偏差。

这就对企业文化的建设者的能力提出了要求。因此，对建立企业的主流文化、各职能体系的亚文化、各种爱好\娱乐等亚文化的人员，要选择相应的具备相应能力的人员进行策划、确定。

二、建章立制

心理学里有一个非常经典的试验：猴子和香蕉。把五只猴子关在一个笼子里，笼子顶上挂一串香蕉，在笼子顶上同时安装了一个喷头，只要有猴子试图摘香蕉，喷头就会喷出水来。因为猴子都喜欢吃香蕉，因此几乎所有的猴子都试图去摘香蕉，但是无一例外都会被喷头喷出的水淋得浑身湿透，结果过了一段时间后，似乎所有的猴子都明白了这个"道理"——只要试图摘香蕉就会被水淋，于是没有任何一只猴子去摘挂在笼子顶上的香蕉，尽管它们都非常喜欢吃。

后来，试验人员用一只新猴子（简称 A 猴子）换出原来的一只猴子，这只 A 猴子看到笼子顶上的香蕉，也和原来的猴子刚开始一样试图去摘，这时，所有原来的猴子都不约而同地冲上去把这只 A 猴子暴打一顿，以后只要这只 A 猴子想去摘，就会遭到其他猴子的暴打，如此经过一段时间，A 猴子也和原来的猴子一样放弃了摘香蕉的企图。

试验人员又用另一只新猴子（简称 B 猴子）换出另一只原来的猴子，发生的情况与 A 猴子刚进来时一样，只要 B 猴子试图摘香蕉就会遭到暴打，而且 A 猴子打的最重（这就叫老鸟欺负菜鸟）。

就这样，经过很长一段时间后，原来的猴子都被换出去了，笼子里的猴子已经更换了几个轮回，顶上的喷头也已经早就取消了，但只要有新进来的猴子试图去摘香蕉都会遭到其他猴子的暴打，至于为什么会遭到暴打，没有一个猴子知道原因，但每个猴子都很自觉地养成了这样的习惯。

同理，企业文化的宏观上的观念引导还需要具体的管理制度、工作流程进一步进行规范、落地。企业文化的建设，也是需要有配套的机制来配合落地。就像上面的喷枪一样，每次上去都会被喷，触及必反，毫无例外，这一点在企业文化建设方面也有可取之处。在一些对公司的绩效有重大影响的问题上，公司可以采取一些强势的制度，只要员工触犯了企业的"红线"，也必然遭到惩罚。

当然，单纯的惩罚是很伤感情的事情。如果企业管理中再能加上"有功必赏"，这对塑造企业文化也有非常大的意义。如果说"触及必反"是在"筑坝堵水"，那么"有功必赏"就是在"引流疏水"。

（一）制度流程设计

一个公司的管理制度主要包括但不限于：根据企业的使命、愿景并结合实际运营制定企业发展战略方向和中短期目标、企业员工的行为规范、薪酬制度、绩效制度、行政制度等各项管理制度。完善企业管理制度，规范员工行为的同时，还需要制定相应的流程规范（必要时编制相应的表格记录），来引导各个岗位之间的配合性工作，规范每个岗位的具体工作。

（二）视觉形象系统

有了系统性的管理制度、工作流程和相应的表格记录以后，如果再辅以视觉化的视觉系统，就会使得企业文化更加进一步完善和具体化了。

视觉形象系统的导入，可以根据公司的使命定位、核心价值观的要求，策划企业的形象、风格定位，进而来统一规范统一企业的标志、旗帜、歌曲、徽章、色彩等多种企业标志；规范企业建筑风格、建筑色调，规范公司及各部门简称，规范公司车体外表，规范办公设备、办公器具，设计并规范员工着装款式及色调，统一企业宣传标牌、广告牌的装置规格和设置区位；崇尚工作环境、生产环境和生活环境的美化、净化和现代化，建立和推行现场管理办法和环境建设标准；在广场、生产车间、办公楼、会议室等处制作宣传企业理念的牌匾、图板、灯箱，使企业理念深入人心，增强企业文化的感染力；做好企业和产品的广告宣传，打造企业品牌，扩大企业的知名度和美誉度；进一步抓好广场、公园、俱乐部、报纸、电视、图书活动室等文化载体和阵地建设，形成浓厚的企业文化建设氛围。

可以肯定地说，没有系统性的顶层设计，企业很难拥有健康运行的企业文化；有了系统性的企业文化顶层设计，也不意味着企业文化就高枕无忧。从实际意义上讲，这只是万里长征的第一步，还需要有效的实施策略，从而有效落地扎根。

（三）有效策略实施

完成了企业文化的系统性顶层设计，我们还需要详细策划企业文化建设的策略，以保证企业的主流文化得以成为主流，使企业的亚文化成为有益的补充并在有效地引导和管理范围内，防止因企业反文化的产生，进而产生文化震荡，影响企业的健康运行和发展。

比如，在主流文化的核心价值观引导下，设计薪酬制度时，可以设计相应的福利制度，营造浓厚的人情味，造成有利于企业主文化发展的"人情场"，使员工加深对企业的感情，加深对这种福利环境和文化氛围的依恋感；可以开展一些技术性活动，在常规的企业生产、经营之外，围绕企业的生产、经营、技术和智力开发等问题，由企业倡导或员工自发组织进行的技术革新、管理咨询、劳动竞赛、教育培训等活动，通过这些活动的圆满成果，让员工产生成就感，从而持续促进主文化形成和发展；还可以通过形势教育、法制教育、理想教育、道德教育、新书报告会、生活对话会、沙龙等活动，推进企业文化的健康形成、完善和发展。

（四）亚文化的延展

系统确定了公司的主流文化之后，就需要根据公司的中长期战略规划和要求，进行系统化前瞻性的各职能体系亚文化的策划和建设。在保证符合企业主流文化的前提下，确保各职能体系亚文化的特点符合各职能体系自身发展特点，并形成各职能体系的亚文化之间的制约和配合，从而持续健康发展。

除了对公司的职能亚文化进行系统化前瞻性设计以外，还要对各种员工生活必不可少的亚文化进行正确的引导、规范，有计划地引导亚文化发展，如举办和组织征文比赛、摄影比赛、书法比赛、周末舞会、文艺演出、春秋季运动会、各种球类比赛、游泳、滑冰、野游、游园、钓鱼比赛、自行车比赛、"五月歌会""戏剧之春""班组之声"等活动，从而满足不同层次员工对文化生活的需要，而且形成主流文化导引下的文明、健康、科学的生活方式和积极向上的文化氛围，对企业的主流文化进行有益的完善和补充，从侧面固化企业主流文化建设。

亚文化的系统性设计不仅仅考虑本地的文化环境，当我们设立异地办事处、异地分/子公司、跨国分/子公司时，还要对所在地的文化环境进行全面分析，一方面要以公司的主流文化为主导；另一方面还要和所在地的文化环境相融合，同时还要兼顾异地办事处、异地分/子公司、跨国分/子公司的自身特点，只有这样，才能建立健康的亚文化系统。

（五）反文化的预防

在企业主流文化、亚文化的同步、交织建设运行中，互相影响、此消彼长，因为彼此的交互作用，极易滋生个体利益交集，产生企业的反文化，形成公司的反文化体系。这绝不是偶然的小概率事件，而是必然的客观现象。

这就要求要企业的管理者要对企业的反文化具备相应的敏感性，

并及时启动相应的应对机制，将各种反文化对企业的负面影响降到最低。

（六）自觉的亲力践行

荀子说过："口能言之，身能行之，国宝也；口不能言，身能行之，国器也；口能言之，身不能行，国用也；口言善，身行恶，国妖也。"从中足可以看出言行一致的宝贵、言行不一的卑鄙。

我们的企业文化建设不仅仅需要系统的设计、有效的策略，更重要的是贵在实施。口既言之，身就行之，乃不愧国宝也！

1. 负责人和管理高层的亲力示范

企业家是价值观的传播者，社会进步的引领者，现代生活的创造者。当今一场静悄悄的价值观革命开始了，越来越多的商业人士在最大努力获取财富的同时，试图探寻人生最根本的问题。他们尝试将神圣的义务，有尊严的价值观，简单生活方式，重视家庭生活，与事业的发展融为一体。

2. 榜样的作用

法国作家卢梭说过："榜样！榜样！没有榜样，你永远不能成功地教给人以任何东西。"榜样总是能给人以目标，在员工失意、退缩时能催人奋进，给人以信心、勇气和力量，也能帮助员工赶走懒散和依赖，给员工的日常工作行为注入正能量。榜样的力量就是帮助员工拥有实现自我价值的隐形翅膀。

在企业文化的建设、完善和发展过程中，一定要充分利用榜样的力量，给员工的日常工作持续注入正能量，建设、完善和发展公司的主流文化。

三、形实合一

（一）三位一体的企业文化形实合一

企业通过确定使命、愿景、核心价值观等方式确定本公司的发展理念定位，企业的理念定位决定了以制定、完善企业的制度流程为基本内容的行为识别的方向、内容和行为方式，同时，企业通过员工在行为识别过程中的行为方式、具体内容、实际表现来修正、完善企业的理念识别，以进一步完善和提高（见图8-2）。

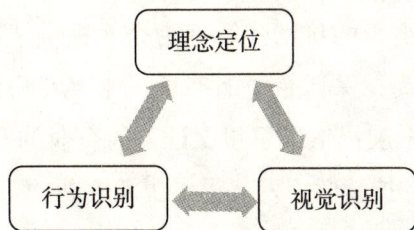

图 8-2　三位一体企业文化管理模型

理念定位不仅决定了行为识别的方向、内容和行为方式，决定企业的视觉识别的方向、内容和传播方式，同时对视觉识别所反馈的信息进行收集、整理和分析，并用来进行理念定位的进一步完善和发展。

在企业的行为识别和视觉识别之间存在密切的互为促进的关系，有效的企业行为识别可以帮助其视觉识别系统的有效执行，并不断完善和发展，否则只会流于形式。视觉识别系统的导入，可以使企业理念深入人心，增强企业文化的感染力，扩大企业的知名度和美誉度，增强员工的成就感、自豪感，促进企业行为识别系统的有效运行和不断完善。

理念定位决定了行为识别、视觉识别的方向、内容和方式，同时识别二者所反馈的信息并进行自我完善和发展；行为识别为理念定位和视觉识别提供有效的落地保证，保证二者得到有效执行，同时受理念定位的方向引导和视觉识别系统的环境影响；视觉识别系统受理念定位、行为识别影响的同时，为二者提供了充足的环境影响，保证二者得到相应的传播。

三位一体的互相影响、相互促进的企业文化为员工的日常行为与企业的运营理念相一致的提供了体系保障，形成形实合一的企业文化管理体系，为企业的健康运行、持续完善、形成螺旋上升的管理体系奠定系统性的软环境。

（二）虚实结合的团队文化和多象限组织的形实合一

如果说多象限组织的拉动式管理为企业提供了利润保证，满足了企业社会功能的需要，保证企业能够得以生存和持续发展。团队文化则为企业的生存、发展提供了思想保证，为企业的发展壮大凝聚力量、鼓舞斗志，为企业的持续健康发展提供源源不断的正能量。

以识别和实现客户价值为中心的价值圈的有效运行，保证了企业能够有效识别客户，精确创造价值，持续实现客户价值，从而获得相应利润，为企业有效实现其社会功能，为企业的长期生存奠定了物质保障和组织基础，同时为团队文化的进一步完善和发展提供实践基础。

团队文化的有效运行，为企业在识别客户需求、创造和实现客户价值提供了行为导向和环境氛围，保证员工的在日常工作中的行为导向的一致性，为客户价值的实现提供了精神动力和智力支持，同时对各种亚文化进行有效包容和正向引导，防止、遏制企业反文化的滋生，最大程度减少企业文化震荡给公司带来巨大损失。

如果说团队文化是全体员工的精神支柱，多象限组织的有效运行则是保证员工有序开展日常生活的价值保障，他们虚实结合共同组成了形实合一的持续健康运行的履行使命、实现发展愿景的平台（见图8-3）。

图 8-3 虚实结合的多象限组织的团队文化管理示意图

形与实的协同就是运营企业要追求的极致。

本章小结

1.从企业的终极目的意义上来讲，形与实的协同才应是经营企业所追求的极致。

2.企业使命是指企业在社会分工中的角色、任务或总体功能，反映了一个组织之所以存在的理由或社会价值（组织为什么存在），从某种意义上来说，企业从诞生的那一天起，就已经决定了其存在的社会价值，具有了相应的社会期望；就已经具有了社会分工角色和社会生存依据，所以，企业的梦想就是履行自己的企业使命，满足自己的社会功能。

3.三位一体的互相影响、相互促进的企业文化为员工的日常行为与企业的运营理念相一致提供了体系保障，形成形实合一的企业文化管理体系，为企业的健康运行、持续完善、形成螺旋上升的管理体系奠定系统性的软环境。

第三部分 移动互联的突破

移动互联技术影响下的大数据时代的到来，让人与人之间的沟通更加便捷，交往更加方便，地球村"越来越小"，真可谓海内存知己，天涯若比邻。当然，大数据时代也对企业文化的建设、完善和发展带来了深远影响，大数据已经并将继续通过改变我们的日常工作和生活给企业文化建设、完善和发展带来无法估量冲击的同时，还给企业文化建设、完善和发展带来意想不到的机遇。它不仅仅影响到我们的日常工作、生活，改变了我们对日常生活和工作的态度、看法，同时也给我们的工作生活带来了意想不到的便利。它提供了更加全面准确的员工日常工作生活信息，为我们分析员工的工作生活特点，完善和发展企业文化，提供了前所未有的企业文化信息资产。

第九章　文化信息

移动互联时代，客户需求的多样化、员工行为的"网络"化，各种原辅材料和产品信息的即时化，无不时刻影响着企业的运行和发展，适应者取得骄人业绩，不适应者手足无措，备受煎熬，一如本书开头的 J 总。互联时代的企业文化有什么特点，如何将其和传统文化想衔接、融合，从而成为企业发展的翅膀，帮助企业发展、壮大？

一、传统的企业文化信息

（一）公司领导人的文化

一个企业的企业文化就是企业负责人的文化，企业的负责人的文化素养、价值倾向、职业素质等直接决定了这个公司的企业文化的方向和高度。

企业在创立的时候，企业的领导人运用其个人的经营理念和人格魅力，敏锐地抓住了市场机遇，创立了企业，并不断发展壮大。他们创造一个企业的过程就如同一位母亲孕育抚养一个生命，从无到有、从幼小到壮大。他们对自己的企业倾注了大量的心血，他们的人生思想、经营理念、文化价值观与企业融为一体，渗透到了企业的方方面面。在这一阶段，"老板文化"就是企业文化的全部。当然，这一阶段的企业文化可能是不健全不完备的。对于"企业是什么？企业要做什么？企业要成为什么？企业的社会责任是什么？"这些问题，"老板文化"也许并不能完全解释和回答。企业内部也许没有建立一套员工共同遵守的价值观、信念和行为方式，企业缺乏长期战略计划和品牌，但它却是支撑整个企业运作的灵魂。

在企业创业初期，企业创始人的经营思想、文化理念、经营思路、价值观念和领导风格，以及随后建立起来的有关制度和工作程序，提供了这个企业获得成功所必不可少的行为方式。但是，这种"老板文化"是以企业创业的条件为基础的，随着企业的发展和条件的变化，"老板文化"必然会与形势的需要不相适应，如果继续用"老板文化"来规范和指导企业，必将导致企业停滞不前甚至衰亡。因此，在企业发展壮大阶段，需要企业扬弃旧的"老板文化"，重塑健康完备的企业文化。

于是，很多人和本书开始介绍的 J 总一样，开始着手建设本公司的企业文化。对于公司的企业使命、发展愿景、核心价值观的编制、制定，则直接取决于公司领导人的授意、讲话精神和要求、具体的指示意见等，相关人员则根据公司领导的意图编制相应的文件资料。影响员工日常行为的规章制度、作业流程、操作规范等文件，也是公司的管理人员根据公司主要领导的要求，结合自己的个人理解制定出来然后发布执行的。各种标语、口号、对外宣传等视觉媒介，同样是公司的相关的责任人员根据公司主要领导的要求，结合自己的个人理解进行制作和发布的。

很显然，占公司绝大多数的一般员工在制定企业文化的相关文件的过程中，直接被无视了。这其实依然还是"老板文化"。"老板文化"依然是企业的主流文化，其对企业亚文化的包容、引导直接取决于老板本人的文化修养。

（二）零散缺失的企业文化信息

如果你希望了解一个公司的企业文化状况，这家公司的负责人或其指定的负责人一定带你到企业的四周转上一圈，就可以发现到处张贴的标语多彩多姿，有质量方针、质量目标的宣传，有安全环卫制度的展示，有团队建设的画展，有企业使命、发展愿景和核心价值观的描述，当然，很多企业还不会忘记对企业发展史的介绍，在公司的醒目之处，我们还可以欣赏各种奖杯、奖状和奖品，以展示企业负责人的过人能力和强大的影响力，面对这一个个奖杯、奖状和奖品，他们一定如数家珍，十分自豪。

当然，这些信息的管理也都有相应的人员负责。其质量方针、质量目标有其质量管理人员管理、安全环卫信息有其安全环卫部门的人员负责，如此等等，各种文化信息都会有专人负责，以显示公司企业文化的重视，如若问起这些质量方针、质量目标与公司的发展远景、团队建设的关系、关联，一定会激起他们堪似外交部发言人的潜质，直接送给你两个字"无语"。

如果还要深入究根问底的话，想了解这些内容对员工行为的影响，或者想进一步了解员工到底有哪些表现，来支撑企业的使命的践行与发展远景的实现，得到的结果应该可以回应本书开头的"画饼充饥的愿景"和"挂在墙上的制度"。这就是企业文化信息的现状，零散缺失的企业文化信息。

（三）曲解的企业文化信息

如果让你列举你所处企业的企业文化信息都有哪些，你会列举哪些呢？企业的使命、愿景、核心价值观，这些应该都是吧；各种规章制度、作业流程、操作规范，这些似乎也不应该被忽略；各种标语、口号、广告宣传信息，这些好像也不能少。以上这些信息都是大家"公认"的企业文化所必不可少的内容。

请问，公司每一天的出入库工作记录，财务部门的预决算及各种报销单据，我们工作时使用过的各种表格、记录，我们每天的刷脸、摁手纹，我们与客户进行商务洽谈时使用的表格、商谈的录音、各种留影媒介，这些都属于企业文化信息吗？你在考虑中，还是直接否定，这些东西看起来好像和企业文化没有什么关系啊！如果我表情严肃地告诉你，正是这些真实的信息，才客观反映出员工的价值取向、性格特点、工作特长和行为状态，你还会这么说吗?！这些才是真正意义上的企业文化的真实写照，也只有充分运用这些信息，才能进一步完善、发展企业文化，充实企业文化的内涵，助力企业文化的有效落地。

君不见使命愿景天天传，管理制度墙上显；君不见员工行为昭日月，满腔激情凉如雪。践行使命众人帮，莫要一人孤军行。

二、移动互联的文化信息

从几个村庄的人围着一个收音机，到几个村庄的人围着一台电视机，到现在拥有可以上网的台式机、笔记本电脑和手机，每一次变化都像给我们的生活带来一场革命。随着网络技术的不断进步和移动通信技术的迅速发展，企业文化管理也发生了深层次的变革，企业文化管理不仅要信息化，还要移动信息化。

"企业移动信息化"意味着管理者和员工可以在任何地方、任何时间实时获得权限范围内的企业文化信息，而不再受没有固定网线的束缚和限制。在移动信息化平台的帮助下，企业内部、企业与外部相关者的沟通和联系就会变得更加顺畅。中间环节减少了，信息传递的速度也就更快，效率也就更高了。

（一）需求信息的移动化管理

需求信息的移动化主要表现在两个方面：一方面指外部消费者需求的信息移动化管理；另一方面内部员工需求的信息移动化管理。

消费者需求的信息化管理现在已经开始使用。对于销售终端在专卖店、专柜、商场、零售批发商、第三方的物流配送公司等，已经把销售终端视为消费者需求信息的最佳采集点并开始进行消费者需求的信息移动化管理了。对于专卖店或者其他场所等比较宽敞、通信线路比较方便的终端环境，则十分方便来进行移动化信息管理；而对于空间环境不允许、人员移动性较大的场所，例如专柜、商场中的大卖场、店中店等环境，移动化信息管理更加显示其长处，其最佳的解决方案是通过移动网络和移动设备来实现数据采集，例如：在服装专卖店或店中，配置一部手机和一个钥匙扣大小的与手机相连的条码扫描器，卖出的每一件服装经条码扫描器轻轻一扫，在完成服装销售的同时，扫描器快速、准确地记录下所售服装的品牌、数量、型号、价格、款式、售出时间等重要销售数据，这些数据将按照企业总部的要求，每日定时或者随时通过手机无线发送至企业总部进行汇总和分析处理，可以及时动态生成所需的销售时报表、日报表、月报表等多种销售明细图表。

通过这些处理后的数据结果、图表信息可以分析消费者的购买习惯、年龄层次分布、区域分布等消费者需求信息，根据这些数据可以准确把握市场的动态和消费者的需求，以最快的速度对消费者的偏好和产品定位作出最正确的决策，及时调整、完善企业文化管理内容，保证企业文化的持续健康发展。

对于员工需求的移动信息化管理，也已经初步开始了。利用 dayHR，可以了解员工的培训需求；利用 dayHR，可以了解每位员工的上班、下班的时间规律；利用 dayHR 还可以……

对于外部消费者需求和内部员工需求的了解，可以帮助企业更加准确地进行产品定位、更加精准地进行员工的行为导向，全面完善、发展企业文化。

（二）办公移动信息化

移动通信技术的兴起，使得信息处理与传递突破了时间和地域的局限，使无线移动办公成为可能。以移动终端设备为载体，将桌面办公功能扩展至移动设备，企业的办公空间将从单点扩展至无限。移动办公促使企业的移动设备和桌面设备等整合在一起，企业中每个职员无论是在办公室还是通过移动终端都可以及时处理电邮、公文审批、电子流程审批、合同审批等日常性工作，可以使用公司的电话簿、公用日程安排、工作计划表等，使企业员工具有更快的反应能力和更高的工作效率。

办公移动信息化使得企业文化的建设、完善更加便利和及时，移动信息化时代，员工进行日常工作时不再需要在固定的办公室只能通过纸笔、电脑才能进行相关的信息传递，不再需要一趟趟的赶到文案人员那里确认文案，不再需要一趟趟到领导的办公室向领导请示，这一切都有利于企业经营理念的宣导以及行为的识别和视觉的落地。

（三）"孤岛信息"的解放

为了提高公司管理水平，很多企业都完成了主要业务系统的信息化建设工作，构建了企业核心业务管理系统（ERP/MIS/CRM/EAM/OA）以及专业子系统，基本满足了各专项业务的信息化管理需求。但大多数企业已有的信息化系统由于历史原因基本都是分阶段逐渐建设起来的，多数系统存在缺乏统筹规划、信息资源分散、信息化发展水平不均衡的现象。特别是对于信息资源的综合利用方面，受当时信息化发展进程和环境所限，原有各业务系统数据之间共享程度较低，缺乏信息资源的管理和信息服务机制，造成了诸多的"信息孤岛"。

随着企业管理水平的进一步提高，企业对企业信息资源整合的需要越来越迫切，许多企业已经开始启动信息资源整合的工作，从而更好地面向企业不同用户提供更加精细、全面、准确的信息。

而多象限组织下的团队文化建设响应了企业信息资源整合的需要，使得"孤岛信息"都能够得到全面解放，寻找到各自贴心的"伴侣"，不再孤单。如果说企业核心业务管理系统（ERP/MIS/CRM/EAM/OA）以及专业子系统是为了满足各专项业务的信息化管理需求，在多象限组织下的团队里，这些系统或专业子系统则都是为了多象限组织下的价值圈管理体系服务的，都是为了识别客户需求、创造和实现客户价值而存在的，如此一来，多象限的价值圈管理体系则赋予了这所有系统的价值灵魂，使得它们有了共同主心骨和价值目标，从而不再孤单。

三、息息相通的文化信息管理

无论是传统的手工信息管理，还是现在的移动的互联信息管理，一个完整的信息流管理包含了信息的收集、处理、传播、改善（分析改善）四个过程。这四个方面相互联系，依次支撑，互相促进，共同提高（见图9-2）。信息收集是信息管理的起点和基础，没有信息收集，信息的处理、传播和改善则成无源之水；信息处理是信息管理的桥梁，它通过对所收集信息的整理提炼，为信息传播提供传播内容和依据；信息传播是信息管理的落脚点和信息管理提升的支点，只有通过信息传播，才使得信息管理具有价值，也只有通过信息传播效果的反馈，信息管理的提高才具有基础；信息的改善提高是原有信息传播的收尾，也是新的信息传播的起点。

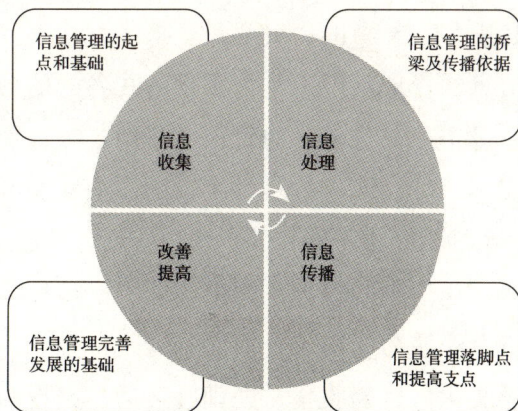

图 9-2　信息管理模型

　　在信息的收集方面，手工信息阶段因为信息管理的浩大工程，使得每当信息收集的时候，都需要翻箱倒柜，还不一定收集到自己想要的信息，于是，在进行企业文化管理时，企业的负责人根据自己的主观爱好、各个渠道的小报告，甚至是道听途说的小道消息进行管理也就成了常态，于是乎，了解老板的喜好、揣摩老板的想法，有目的的散布、传播各种未经验证的小道消息，也便成为很多员工所热衷的工作。即使到了移动互联信息阶段，虽然各种企业文化管理信息通过各种信息媒介可以自动记录积累，各种信息的沉淀积累变得快速简单，但是，各种大量的信息让各级管理者一下子变得手足无措了，于是收集的信息变成了无序杂乱的信息碎片。

　　如此一来，囿于自身能力的限制，对于信息的处理便出现了两个极端，要么石沉大海，沉淀下来的信息成了库存，直至最后自行消失；要么，各级管理者根据自己的主观喜好，有选择地收集、处理信息，以达到其主观目的，完全失去了信息的本原意义。对于企业文化信息的传播和改善，要不随着信息的自我消逝根本不存在传播和改善，要不，根据某个或某些领导的主观喜好，有选择地进行传播、改善，以达到他们的主观目的。

为什么要进行企业文化信息的管理呢？难道就是为了领导们的主观意愿而进行服务，真是 no do no die。

企业文化信息的管理不但不是为满足各式各样的领导的主观欲求而存在，而是通过企业文化信息的管理，帮助各级管理者分析判断企业文化管理的实际状况，而进行科学决策的，从某种意义上讲，它是不断对管理者的主观判断进行纠偏的，防止管理者进行错误决策。

所以，企业文化信息的管理是帮助企业进一步完善企业文化服务的，是为了践行企业使命、实现企业愿景、践行企业核心价值观服务的，因而，企业文化信息的收集、处理、传播、完善都要围绕企业文化的健康运行、持续完善来进行，从而实现螺旋上升的企业文化信息管理（见图9-3）。

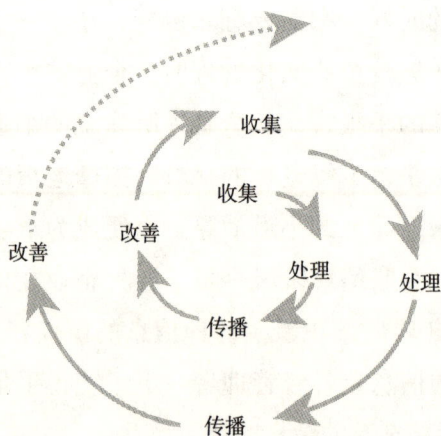

图9-3　螺旋上升式信息管理示意图

而面对互联时代的海量的企业文化信息而手足无措的企业的管理者，随着大数据技术的出现，也该露出会心的微笑了。

本章小结

1. 一个企业的企业文化就是企业负责人的文化，企业负责人的文化素养、价值倾向、职业素质等基本素质直接决定了这个公司的企业文化。

2. "企业移动信息化"意味着管理者和员工可以在任何地方、任何时间实时获得权限范围内的企业文化信息，而不再受没有固定网线的束缚和限制。在移动信息化平台的帮助下，企业内部、企业与外部相关者的沟通和联系变得更加顺畅，中间环节减少了，信息传递的速度更快，效率更高了。

3. 企业文化信息的收集、处理、传播是为了企业文化的健康运行服务，对于企业文化信息的分析完善则是为了更有针对性、更加有效地进行文化信息的收集、处理和传播，从而实现螺旋上升的企业文化管理机制。

第十章　企业文化大数据

闻声和音。

当互联时代产生的海量数据让企业负责人头大的时候，"大数据时代"到来了，而且来的相当突然，几乎没有给你有任何的口风，且不可逆转。大数据时代带来的不仅仅是比海量数据还要海量的数据，伴随的还有大数据处理技术和大数据思维。大数据技术和大数据思维可谓是头大的企业负责人的福音，可以帮助企业负责人解码大数据，提取他们经营企业所需要的全面及时准确的信息。

一、解码企业文化大数据

（一）何谓大数据

对于大数据的概念，360百科给出的是，大数据指的是所涉及的资料量规模巨大到无法透过目前主流软件工具，在合理时间内达到撷取、管理、处理、并整理成为帮助企业经营决策更积极目的的资讯。在维克托·迈尔－舍恩伯格及肯尼斯·库克耶编写的《大数据时代》中大数据指不用随机分析法（抽样调查）这样的捷径，而采用所有数据进行分析处理。前者把大数据定义为资讯，后者把大数据定义为数据分析处理方式即不需要抽样捷径的数据分析处理方式。

然而从目前大数据给我们的生活、工作带来的影响力而看，如果仅仅把其看作为资讯或者一种数据处理方式，无疑是带着传统狭隘的眼光来看待大数据的，如果仅仅是资讯或者数据处理方式，它是无法撑起大时代的称号的。事实上，大数据正在让我们以前所未有的方式，通过对海量数据进行分析，以全息视角进行准确的分析判断，从而进行精准决策或预见，全面深刻地正在并将持续影响着我们的生活，如果用掌握大数据者赢天下来形容大数据的影响力，应该一点都不夸张。所以，针对企业文化信息大数据，我们应该视为一种资产，一种信息资产，一种能够帮助我们从全息视角分析、判断企业文化特征的信息资产。

所以，企业文化大数据是指以全息视角分析企业文化的数量大、种类多、易获取的信息资产。

所以，面对突如其来的大数据时代，我们需要回到问题的本源，没有必要神话它或对它保持敬畏之心，实际上大数据就是以新技术为依托，让我们更加容易的以全息视角来收集原本很难收集的数据信息，从而帮助我们进行更加精准的判断。因为我们的判断更加精准了，所以企业文化信息的重要性就更加显现出来了，这种重要性使得我们需要从全新的视角也即是从资产角度，甚至比可估价资产更重要的角度来对待企业文化信息，来看待提供企业文化信息的大数据、大数据技术和大数据思维。

（二）大数据思维

如果说企业文化大数据是足以让我们以全息视角分析企业文化的数量大、种类多、易获取的信息资产，大数据思维则是帮助我们处理企业文化信息资产的思维方式。

1948年辽沈战役期间，司令员林彪要求每天要进行例行"每日军情汇报"，由值班参谋读出下属各个纵队、师、团用电台报告的当日战况和缴获情况。那是重复着几乎千篇一律枯燥无味的数据：每支部队歼敌多少、俘虏多少；缴获的火炮、车辆多少，枪支、物资多少……。有一天，参谋照例汇报当日的战况，林彪突然打断他："刚才念的在胡家窝棚那个战斗的缴获，你们听到了吗？"大家都很茫然，因为如此战斗每天都有几十起，不都是差不多一模一样的枯燥数字吗？林彪扫视一周，见无人回答，便接连问了三句："为什么那里缴获的短枪与长枪的比例比其他战斗略高？""为什么那里缴获和击毁的小车与大车的比例比其他战斗略高？""为什么在那里俘虏和击毙的军官与士兵的比例比其他战斗略高？"林彪司令员大步走向挂满军用地图的墙壁，指着地图上的那个点说："我猜想，不，我断定！敌人的指挥所就在这里！"果然，部队很快就抓住了敌方的指挥官廖耀湘，并取得这场重要战役的胜利。

大数据时代，我们不缺乏数据，我们更需要的是处理数据的思维，只有具备和大数据相匹配的大数据思维，才可以使大数据发挥其应有的价值。与其说是大数据创造了价值，不如说是大数据思维触发了大数据价值。

1. 全息思维

如果说我们日常生活和工作中已经习惯了依赖抽样数据、局部数据和片面数据，甚至在无法获得实证数据的时候纯粹依赖经验、理论、假设和价值观去发现未知领域的规律。那么在大数据时代，如果你还要显摆你的高深的调查技术，为了分析员工的工作特点而进行详细周密的编制调查表，一丝不苟地进行问卷调查，并进行科学的剔除离群数据，用专业的统计软件进行分析的话，那你就 out 啦！

大数据时代，我们可以获取所有的你想要的数据，并以全息视角对你所要分析的对象进行分析，从而进行精准的判断，而不需要采用传统的统计学的抽样技术。

2014 年 7 月 11 日，中国中央电视台《新闻直播间》曝光了只要在苹果手机上使用软件，用户使用软件的时间地点都会被记录下来。苹果手机中的定位功能可以显示手机用户经常活动的地点、活动的时间、活动的频率，会把一个人完整的行为轨迹进行翔实的分析。

一部手机在 2014 年都可以把一个人的完整的行为轨迹进行翔实的分析，都可以对一个员工的日常行为进行全息视角的分析，所以，如果你还酷炫你的周密翔实的调查问卷的话，你就真的 out 了！我们需要全息思维，需要用全息思维处理我们的企业文化信息资产。

2. 互联思维

这里强调的大数据的互联思维包括三个方面：一是指大家普遍认为的网络互联，无论是企业的使命、愿景、核心价值观信息，还是各种规章制度、管理流程，及企业日常运营实际产生的企业文化信息，都可以通过互联网进行互联互通。二是企业文化的各个方面的信息，如公司使命、发展愿景、核心价值观、各子团队使命、愿景、核心价值观、企业的行为识别系统、视觉识别系统等相关信息在逻辑上的关联更是面对大数据所不可或缺的思维。这方面的互联思维不仅仅体现在对企业文化大数据的互联判断，在企业文化的顶层设计时更需要互联思维，他直接引导企业文化大数据的收集、处理、传播和改善。三是本企业的企业文化信息与办公所在地、原辅材料供应商、客户、目标消费者的文化信息同样也应该可以互联的，从而帮助我们在大的产业、行业等宏观视角下建设、完善和发展企业文化。

3. 相关思维

如果说传统的企业文化信息经常通过因果关系来分析问题、解决问题的话，那么大数据时代的信息管理则注重相关思维的运用。

如我们通过大数据提供的信息显示，某位员工近期的日常饮食出现大幅的减量，则与此现象相关的信息是否也同样显示异常，如其工作状态的信息显示状态如何，工作轨迹是否正常？是否需要采取相应的措施，帮助其本人进行改善。如果说传统的企业文化信息之间的相关性因为信息的缺失而无法进行分析，大数据时代的相关性思维可谓是如鱼得水。

某超市曾以20多种怀孕期间孕妇可能会购买的商品为基础，将所有用户的购买记录作为数据来源，通过构建模型分析购买者的行为相关性，能准确地推断出孕妇的具体临盆时间，其销售部门于是就有针对性地在每个怀孕客户的不同阶段寄送相应的产品优惠卷。同样，Wal-Mart的分析人员也会对每个阶段的销售信息会进行全面的分析。一次他们无意发现了他们原以为毫不相关的数据（美国飓风来临季节时超市蛋挞和抵御飓风物品的销量）在信息显示上存在相关性，于是他们作出决策，将蛋挞的销售位置移到了飓风物品销售区域旁边，看起来是为了方便用户挑选，但是没有想到蛋挞的销量因此得到了显著提高。

因而，在某个阶段，如果企业想管理某种行为，就可以通过找出相应的关联信息并进行分析处理，就可以进行有效管控。如我们可以通过分析员工的日常工作路线，分析员工对于本职工作的匹配情况，并进行业绩信息的相关验证，从而了解员工的性格特点和行为趋向，从而进行更为合理的安排。

二、企业文化大数据现状

（一）企业文化大数据的价值链表现

1. 大数据盲区

虽然大数据时代已经到来，已经并正在影响着我们的工作和生活，而实际上还有很多个人、很多企业都还没有大数据意识，包括很多企业的负责人还依然停留在只是被动地接受大数据对他们侵袭的时代，而什么是大数据，则好像和他们毫无关系，当然更谈不上大数据思维了。大多数在20世纪90年代通过打拼成长起来的民营企业的负责人都有这方面的特征。笔者曾辅导过一位某大学教授下海创业的企业负责人，在他看来，企业运营的大数据就是他天天关注的时刻变化着的互联网上面的信息。

2. 仅有大数据

拥有大数据，没有大思维。

手握海量大数据，但与大数据形同陌路。如金融机构、电信行业、政府机构等，他们掌握大量客户（含本公司员工）的消费信息、日常诉求、行为状态，但也只是限于开展日常工作，对所掌握的大数据信息漠然视之，他们所做的也就是按照相关部门的政策要求，进行日常删除。

3. 帮助他人使用大数据

还有一些企业，他们利用自己的专业、技术、设备等帮助自己的客户拥有、使用大数据，如软件服务业，他们或提供硬件、或提供软件、或二者兼有，从而帮助客户拥有、使用大数据。

4. 利用大数据谋利

现在的互联网巨头都拥有海量的大数据，还有处理、使用大数据的思维，甚至引领大数据时代的发展，他们在最大化发挥大数据价值的同时，从中获取相应巨额利益。更有甚者，这些互联网巨头不仅仅已经并继续通过所拥有的大数据，利用大数据思维谋取巨额利润，并出现了强强联手的趋势，具体案例就不一一列举了，以免对号入座。

5. 大数据利他

还有一些企业，他们没有大数据，但有大数据思维，帮助客户最大化发挥大数据价值，获取相应利益，并实现共赢。这些大都是顾问公司，他们具备大数据思维，辅导、帮助客户如何运用大数据拓展业务，提高管理水平。

除了以上五种表现外，理才网的表现值得关注，理才网以"云咨询＋云平台"的模式，一方面为客户提供办公平台（含移动办公平台），帮助客户拥有、使用大数据；另一方面，他们还有自己的专业咨询团队，帮助客户在大数据时代，更加有效利用大数据思维，最大化发挥大数据价值，提升客户管理水平，有效帮助客户拓展业务。所以，理才网值得关注。

（二）企业文化大数据的价值

大数据时代条件下，无论是进行企业文化的顶层设计，还是进行企业文化的进一步完善和发展，都可以及时、全面、准确地获得相应的信息。这不仅仅包括企业内部的主流文化、子团队的价值取向、视觉识别、行为识别信息，对于外部的社会文化、地方风俗、法律法规、发展阶段等信息也都可以得到全息、及时、准确的信息，因而对企业使命的定位、核心价值观的确定、对子团队文化的包容引导、对行为识别系统、视觉识别系统的确定都相对准确、完善，对新进员工的价值观诊断、引导更加有效。这都为企业文化建设、完善和发展奠定系统性保障。

在系统性保障下，同心者同路的方向性更加明确，志同者道合的合力更加有力，同时，对反文化的免疫会更加有效。从而实现同心者同路、志同者道合。

插播一则消息，消息之后内容更精彩！

陌陌在纳斯达克上市的前夜，网易掌门丁磊面对"叛徒"撕脸表态，直指唐岩犯下的"三宗大罪"——丧失职业操守，利用职务之便为其妻子所在公司输送利益，因个人作风问题于2007年被中国警方拘留10天。

人在江湖飘，哪能不挨刀。唐岩不愧是在"有态度"的网易中出来的人。就在"陌陌"敲钟之后，有关唐岩和他的投资人竖中指的照片，迅速在微信圈疯转。竖中指是啥意思，地球人都知道，这是需要打马赛克才能表达的一种粗口。

所有的态度指向仇恨，其实指向的是利益。当年的创业伙伴，今天成为分外眼红的仇人，可能双方说起来，各自都是泪。然而在以财富论成败的今天，曾经身在曹营心在汉的唐岩，在上市的钟声敲响之后，那种逆袭反转的成功之气，其实是代表着一些曾经的网易人憋闷已久的解气心态的。那根中指竖给谁看，大家心里明白。

唐岩不是网易走出来的第一个，当然也不会是最后一个。互联网大佬，谁都不能保证自己办的不是黄埔军校。即便阿里巴巴，也同样如此。

来源：凤凰评论（独家出品）2014.12.15

和谐社会下的不和谐声音。大数据时代条件下，建立了同心者同路、志同者道合的体系性保障，社会就更加和谐了。

（三）抑恶扬善

不和谐的声音虽然吸引眼球，更吸引眼球的则是形形色色的企业"蛀虫"和腐败分子，映入眼帘的"蛀虫"和腐败分子涉及的数额越来越大，手段也越来越高明。

在大数据时代，尤其是在多象限组织的团队文化下，公司每个员工的价值取向基本一致，同时，整个公司建立了相应的行为识别体系，使得公司里的每一位员工的行为趋向也基本一致，如果有出格的员工表现出越线的行为，大数据下的行为识别体系会及时预警，一方面保证整个行为识别体系的健康运行；另一方面帮助员工进行相应的自我完善和提高，从而"抑恶扬善"。

三、指尖上的大数据

（一）指尖上的客户需求分析

客户需求的准确把握决定了企业的业务方向和价值链管理的基本诉求。大数据时代，你已经不需要精心设计调查表、不需要迎风冒雨发送调查表、不需要使用高深的统计软件进行调查数据的分析处理，你只需要动动手指，在随身携带的手机上点上几点，对客户需求的全息信息的处理结果就会及时显现（见图10-2）。当然具备大数据信息和大数据思维是必需的。

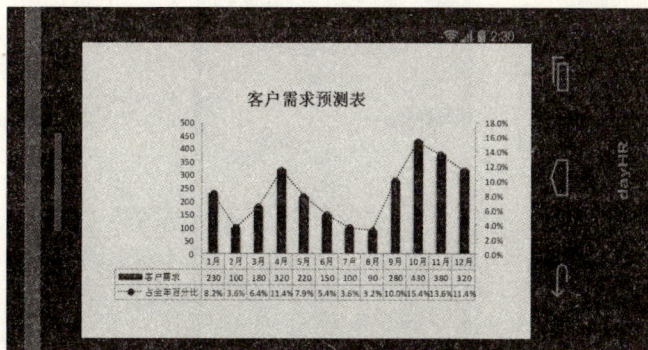

图 10-2　客户需求预测

（二）指尖上的员工行为风格

员工行为风格的了解是公司价值圈管理和企业文化管理的需要，也是员工个人自我完善和发展的需要。

大数据时代，只要拥有了大数据信息，具备大数据思维，企业就可以立体化全面深入客观地了解每一个员工的核心价值取向和基本行为导向。企业所能依赖的已经不仅仅是员工表现在业绩报表上的个人信息，而是与工作有关的行为特点、兴趣爱好、技能特长甚至行为路线等所有信息，当然这一切都要求公司要具备保护每一位员工的个人隐私为基本价值取向。有了这些信息，企业在进行建设和完善发展企业文化时，就有了基本的信息基础，在进行价值圈组建时，就能够为每一位员工提供自我实现的最佳平台，同时实现企业和个人的价值最大化，实现公司与个人的共赢。

同时，大数据时代也帮助员工本人对自己进行立体化全面深入客观地了解自己，帮助员工更加有效地进行职业定位和职业规划，最大化实现自我价值。通过大数据技术帮助员工对自己的分析，可以帮助员工突破自身视野的局限和主观上自我欣赏的限制，从而更加客观全面深入地了解自己（见图10-3）。

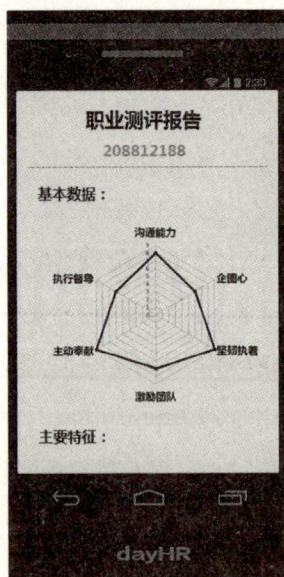

图10-3　职业测评报告

从某种意义上来说，通过大数据技术对员工的了解，比员工自己对自己的了解更加全面深入，而这些只要通过指尖，轻触手机的屏面即可。知人知面不知心也会随着大数据的出现逐渐淡出人们的视野。

（三）指尖上的文化建设

我们只要使用手指，通过自己的手机不仅仅可以识别客户需求，了解员工行为，还可以帮助企业进行企业文化的建设、诊断（见图10-4），逐步完善企业文化，实现至少以下三个方面的文化融合（见图10-5）。

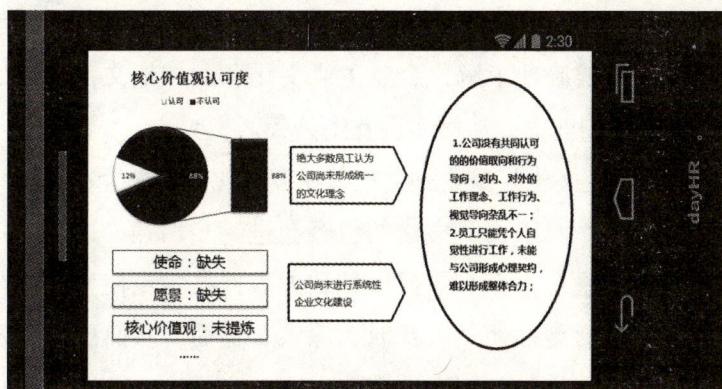

图 10-4　企业文化诊断

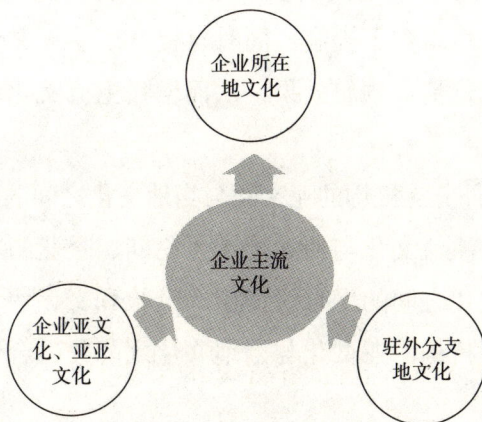

图 10-5　文化融合

> 企业的主流文化与所在地文化之间的融合；

企业的主流文化与所在地文化之间的融合从某种意义上讲决定了一家公司的生死存亡，若能够有效融合则能互生共荣，若融合不了，则会强龙不压地头蛇。

大数据时代对企业所在地文化的了解，不仅仅可以了解当地的生活习惯、生活禁忌、社会生态等方面，还可以了解当地文化的前世今生，从纵横两个方面对当地文化进行全面立体地深入解剖，而这些通过手机即可以进行。

大数据时代对企业所在地文化的了解，还可以通过对当地居民的生活、工作行为进行相应的印证，如此一来，企业对所在地文化便有了全息、深入、准确地了解，企业主流文化和所在地文化之间的融合也就具有了基本的前提，从而实现互生共荣。

> 企业的主流文化与企业亚文化、亚亚文化等的融合；

大数据时代，对于团队文化的包容会进一步增强，这源于团队文化的及时反馈、融合，而大数据信息和大数据技术更使亚文化与主流文化的交会、融合更加便利、及时、深入、全面，从而更大化发挥了企业亚文化、亚亚文化的作用和价值。

企业的主流文化对企业亚文化的导向也会随着大数据技术的运用进一步加强，这是因为大数据技术一方面使企业的主流文化对亚文化、亚亚文化的包容性得到了提高，同时也提升了主流文化对正面价值的激励作用和负面价值的预警效果，从而增强主流文化对亚文化、亚亚文化的导向作用。

> 企业的驻外分支机构的亚文化与当地文化之间的融合。

有了企业的主流文化与所在地文化之间、企业的主流文化与企业亚文化、亚亚文化之间的融合所积累的经验和文化融合能力的逐步提升，企业的驻外机构的亚文化与当地文化之间的融合也就成了"小儿科"了。

这一切也就体现了闻声和音的具体含义。

本章小结

1. 大数据时代，我们不缺乏数据，我们更需要处理数据的思维，只有具备和大数据相匹配的大数据思维，才可以使大数据发挥其应有的价值。与其说是大数据创造了价值，不如说是大数据思维触发了新的价值增长。

2. 大数据时代条件下，使得企业在团队建设时，无论是对团队整体价值取向的识别，还是对个别成员行为特点的判断，都变得十分便利，从而实现同心者同路、志同者道合的目标。

第四部分　穿越时空的体验

　　大数据时代多象限组织的团队文化凝聚下的员工，彼此之间的了解更加真实、客观、深入、及时，更加心有灵犀，彼此之间的互相协作更加便利，同心者更加易于同路，志同者更加容易道合。员工对于公司导向目标的了解不仅仅知其然，更知其所以然，对公司的征集令将一呼百应。公司对员工和员工相互之间有了深入客观全面的了解，加之在团队文化凝聚下，所有员工的价值观取向和行为导向更趋一致，所以员工的个人创意必然会被大家及时认可，从而更加有效地付诸行动、创造价值。展望所有员工在一致的核心价值观的凝聚下，为了共同的梦想，为了共同的使命，组成心有灵犀的知心团队，大家尽情享受自我实现的快乐，尽情享受同甘共苦的担当，这样的场景不仅令人神往，也一定会实现。

第十一章 心有灵犀的大家庭

在多象限组织的价值圈管理条件下，每一位员工都在用心识别客户需求，精心创造客户价值，周到实现客户价值，在围绕价值实现的目标上每一个员工都是平等的。在多象限组织里，大家没有职业等级，只拥有事业伙伴；没有部门之分，有的是协同合作。也因此，为建设、完善和发展核心价值观一致的企业文化奠定了组织基础。

有了多象限组织的可靠组织保障，团队文化则起到了同气相吸的效果，在团队文化的凝聚下，大家有了一致的价值取向和行为导向，再加上具有共同的事业目标，则会进一步增强员工心灵之间的吸引力，从而心有灵犀，携手追梦（见图 11-1）。

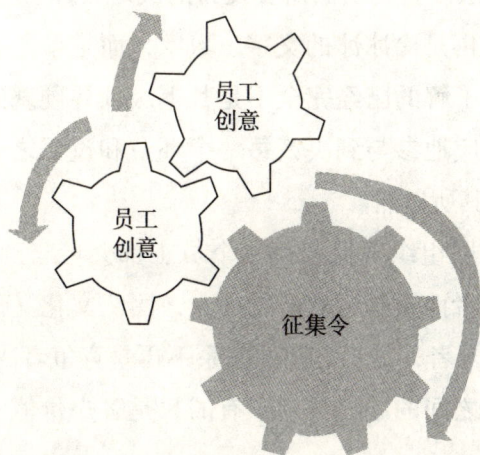

图 11-1 一呼百应的多象限组织下的团队

　　大数据时代对人们工作和生活的持续深入的影响，会使得多象限组织下的拉动式管理的拉力更强，拉动员工及时有效地识别、创造和实现客户价值；也会使得团队文化的核心价值更趋一致，心灵默契程度更加强烈，这就最大化体现了企业的凝聚力和战斗力，为企业的壮大发展，为员工的梦想实现提供了最佳的事业平台。

　　那时，不同时代下被视为不断冲击企业既有文化的新生代员工，因其对客户需求的敏感性、对新鲜多变信息的领悟性使得他们的个性特点更加有助于客户需求的识别和客户价值的实现，会很受圈内成员的欢迎的，同时大数据时代下的多象限组织也会加速新生代员工对团队的融入范围和深度，又加之有了团队文化的黏合，互联信息的催化，新生代员工将不再是企业文化的破坏者，而是企业生生不息、永续经营的接班人！

一、一呼百应的小伙伴征集令

　　多象限组织下的企业，无论是在日常的信息传递上，还是在客户价值实现的完整价值链上，有的只是共同目标一致下的协作共赢，没有的是中间夹心层。公司层面需要发布的战略目标、战略协作项目等，员工接受到的不再是冷冰冰的文字、数字，而是事业成就激发下的热情，因为员工所了解的已经完全不是其上级领导硬塞给他的任务、指标，他们也会相应地参与到决策每一个环节和过程之中，他们不仅仅知其然，还会知其所以然。

　　如果说多象限组织确保了每一个员工都会参与到相应的决策中，成为决策的参与者而不是旁观者，那么，团队文化又让每一位员工成为志同道合的参与者，员工之间的关系不再是竞争者的相互利益之争，有的是知心朋友之间的心有灵犀，有的只是客户价值实现前提下的互利共赢。

　　爱人者，人恒爱之；敬人者，人恒敬之。核心价值观一致的员工有了组织和文化上的相互合作机制，再加上移动互联带来的信息共享便利，员工之间相互合作的心心相通和均衡地发挥极致效应，对于小伙伴的征召令将会一呼百应（见图 11-2）。

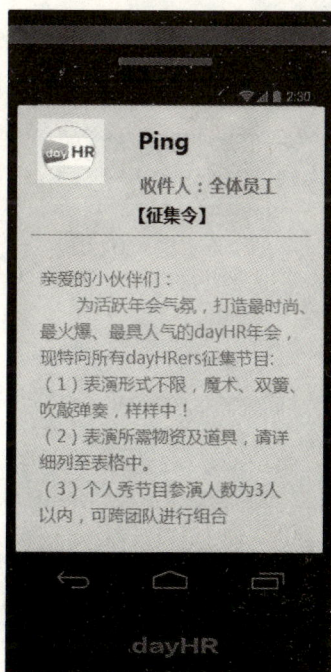

图 11-2　小伙伴的征集令

二、心有灵犀的个人创意

（一）新创意、新灵感

历史是人民群众创造的。企业的发展、壮大也是靠每一位员工的辛勤汗水来实现的。在多象限组织条件下，结合团队文化的凝聚感召下，员工上班不仅仅带了双手，还带了大脑，不仅仅是员工的双手来创造和实现客户价值，更重要的是员工的智慧在创造和实现客户价值中的价值体现，从而全面实现自我。

在大数据时代的多象限组织条件下，当员工在进行日常工作产生新的创意时，已经不再需要层层审批、报告，他们只需要利用自己随身携带的手机，记录一下自己的创意，再用手指轻轻一点，让价值圈的相关成员共同分享，并融合价值圈其他成员的创意即可付诸实施（见图 11-3）。

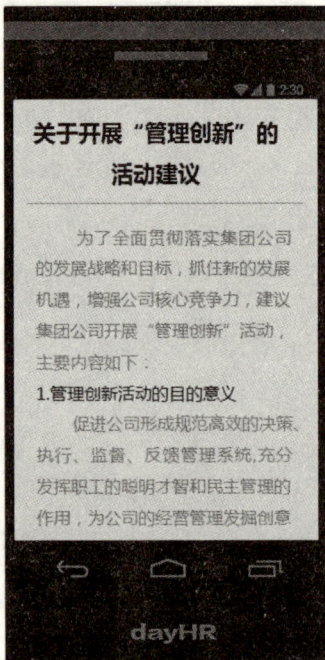

图 11-3　员工创意

同时，团队文化又保证了大家在心灵沟通上的一致性，使大家心有灵犀。再加上移动互联的即时沟通的条件，新的创意就会及时转化为客户价值和公司的竞争力。当员工的创意都及时转化为客户价值的同时，员工的自我成就感就会油然而生，从而促进团队文化向更高层次完善、发展。

（二）积淀中提高

团队文化保证了员工的创意认可、价值实现的心理基础，同时还会激发新的创意，产生几何效应，从而为公司的发展壮大提供源源不断的智力支持。

当一个个员工的创意不断转化为客户价值时，又会为新的更高层次的创意产生提供实践基础，从而使整个公司的创意产生和价值实现在积淀中不断提高。量变引起质变，公司的核心竞争力将随着一个个创意的产生、实践而实现几何级增强。从而推动企业文化更加完善。

（二）充满朝气活力的新生代

生长在"4+2+1"独特环境呵护下的新生代员工，因为多为独生子女，形成了鲜明的性格特点，他们个性张扬、喜欢自由、充满自信，他们虽然乐于接受新事物、新思潮，但同时强调个性舒展、心态开放，他们渴望被尊重和认可，渴望成长、成就和实现，渴望自由发展的空间。

这些令很多企业管理者手足无措，甚至被视为企业文化的冲击者的新生代员工，在多象限组织条件下，将被认为是最受欢迎的员工，因为他们乐于接受新事物、新思潮，所以他们会对客户需求十分敏感；因为他们渴望被尊重和认可，在价值创造和价值实现上将会带来意外惊喜，给公司发展带来源源创意；因为他们渴望自由发展的空间，所以多象限组织令他们如鱼得水。

在大数据时代条件下，员工的行为特点、价值取向已经不是形而上不可知的东西，无论是员工在加入团队时的自我定位，还是企业在招聘员工时的综合测评，都会更加全面、准确和深入，确保核心价值观的一致性和行为趋向的一致性已经十分便利、及时，结合团队文化的系统性管理，新生代员工的加入会很快融入多象限组织的相应价值圈里，为团队文化注入新鲜血液。

所以，对于新生代员工的加入，企业将视为待开发的宝藏一样渴望他们的加入。

（三）新生代活力

在多象限组织条件下，各个价值圈或复合价值圈以客户需求为焦点，紧紧围绕客户价值的实现开展各项工作。在聚焦客户需求时，大数据时代的新生代员工的敏感性，对新事物、新观念的好奇心将会发挥其独特优势，为客户需求的有效识别注入无穷的活力，为客户价值的实现注入无限创意，而综合优势的发挥在实现客户价值时，又会产生叠加效应：因其对客户需求的深入把握而使其能够更加精准地传递产品价值，为客户价值的最终实现奠定基础。而这一切无疑都是各个价值圈或复合价值圈的所有成员都非常欢迎的，从而为整个公司注入新鲜活力。

（四）大家都是新生代

随着新生代员工优势的逐步、全面、深入发挥，其对公司的整体客户价值的实现将日益扩大，随之而来的将会拉动多象限组织管理体系和团队文化的逐步完善和发展，进而影响企业中的每一个成员。如此一来，大家就会逐步被新生代员工所同化，进而具备新生代的特点，与此同时，融入到大家庭的新生代员工也会在核心价值观的引导下，吸收、消化老员工的优势和特点，成为升级版的新生代。这样，大家就都成为新生代，待新的新生代的重新加入，大家又都会成为新的升级版的新生代，从而良性循环，实现公司的壮大和发展。

三、时空穿越

（一）一呼百应的价值圈征集令

不断闪烁的头像告诉心情舒畅的 J 总（原 J 总已经归隐休养了，这是其公子）新的邮件来了，原来是 J 总亲自负责的丹麦和法国客户的订单到了。于是，J 总就发出了征集令（见图 11-4），将相应的订单信息与小伙伴们进行了分享！

不断闪烁的头像告诉 J 总新的邮件来了，原来是 9989 和 9169 价值圈的邮件，摩拳擦掌的他们，渴望通过新的订单展示全新的自我（见图 11-5）。

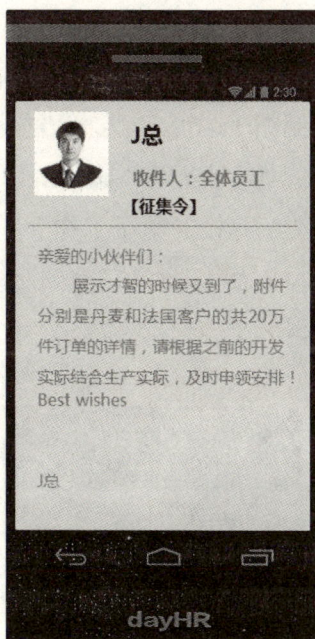

图 11-4　价值圈征集令

图 11-5　价值圈征集令的一呼百应

（二）心有灵犀的个人创意

不断闪烁的头像告诉J总新的邮件来了，原来是9989的小伙伴在工作中有了新的创意（见图11-6），希望产生更大的价值。心理美滋滋的J总将手指点了点，全面细致地看了附件的内容，还分享了自己的创意，很快批准了小伙伴们的建议并给予了充分肯定和赞赏，同时J总还把9989的创意在相应的团队里进行了分享。分享的同时，J总仿佛看到了小伙伴们同样的灿烂的笑容。

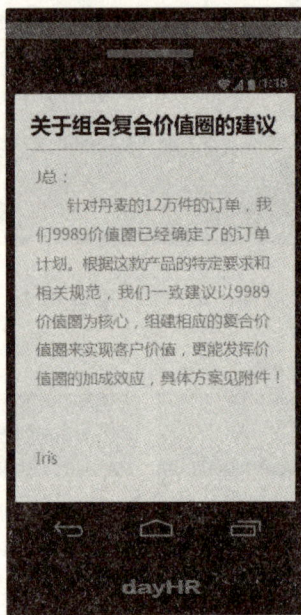

图11-6　价值圈创意

（三）价值实现

不断闪烁的头像告诉刚刚完成价值圈工作的J总，新的邮件来了。这次是来自丹麦客户的邮件，请J总尽快确认对账单，以便付款。同时，客户因上次订单的超逾期交付，又追加了30万件的订单（见图11-7）。这时，J总好像听到了喜鹊的叽叽喳喳的叫声，原来是电话声响了。

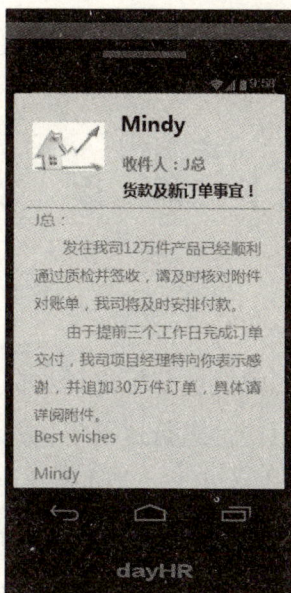

图 11-7 价值实现

本章小结

1.有了多象限组织的可靠组织保障，团队文化则起到了同气相吸的效果，在团队文化的凝聚下，大家有了一致的价值取向，加之具有共同的事业目标，则进一步增强了员工心灵之间的吸引力，从而心有灵犀。

2.爱人者，人恒爱之；敬人者，人恒敬之。核心价值观一致的员工有了组织和文化上的相互合作机制，再加之移动互联带来的信息共享便利，员工之间相互合作的心心相通和均衡的信息共享将会发挥积极效应，对于公司的征集令将会一呼百应。

3.随着新生代员工优势的逐步全面深入发挥，大家就逐步被新生代员工所同化，与此同时，融入到大家庭的新生代员工也会在核心价值观的引导下，吸收、消化老员工的优势和特点，成为升级版的新生代，待新的新生代的重新加入，大家又都会成为新的升级版的新生代，从而良性循环，实现公司的壮大和发展。

第十二章　逐　梦

在本书的开头，我们曾经就梦想进行过探讨，就如何实现老板和所有员工在梦中相遇的可能性进行过剖析，并初步论证了老板和所有员工在梦中相遇的可能性。本书开头故事中 J 总遇到的问题，假如在大数据时代的多象限组织条件下，通过团队文化的心理凝聚，这些在梦中相遇的场景将通过每天的日常活动不断践行。

一、携手追梦

在本书开头的讨论中，我们探讨过，每一个老板创业时都有自己的梦想，有的老板想拥有更多物质财富，有的老板不仅想拥有更多的物质财富，他们还想实现心中的抱负，想名利双收。因为有物质梦想，老板们希望拥有更多的物质财富，因为希望拥有更多的物质财富，老板们希望拥有更多的资源让自己支配。这样一来，老板们每天都在寻找自己可支配的资源，争取获得更多的物质财富。

当然，不管有没有更高的社会抱负，老板们都希望自身能够得到社会的认可，受到社会和他人的尊重，他们不仅仅希望自己受到员工的尊重，还通过很多方式去获得社会的认可。在中国，很多老板是人大代表、政协委员和各种协会的主席、副主席、会长、副会长等。

而员工也有自己的梦想，其物质梦想、精神梦想就是想通过所在的企业获取更多的物质财富和他人的认可尊重。

表面看起来而实际上大多数企业的现实表现也的的确确就是：老

板们的物质梦想总是和员工的物质梦想相矛盾的，员工的物质梦想总是表现在老板的工资成本里，让很多老板为了降低工资成本而绞尽脑汁，他们或减薪、或减员、或控制加班等等。上有政策下有对策，老板们的想法却总是事与愿违，要不就一直减不下来，要不，工资成本减下来了，但是企业的利润减得幅度更大。其结果，便是双输。

　　在多象限组织条件下，每一个价值圈的收益都会给企业的利润增砖添瓦，同时给圈中的每一个成员也带来相应收益，体现每个人的不同价值。团队文化又使得企业的每一个成员的核心价值观保持一致，无论是老板，还是员工，都不断着眼于客户价值的实现，通过客户价值的不断实现，员工获得相应的物质利益和自我实现，老板们也通过团队价值实现的叠加获取相应的更加丰厚的物质回报，随着企业的不断成长、壮大，其社会地位也会相应提升，从而使企业的每一个员工一起形成了梦想共同体，大家携手为实现梦想协作共赢，并通过日常工作，不断践行（见图 12-1）。

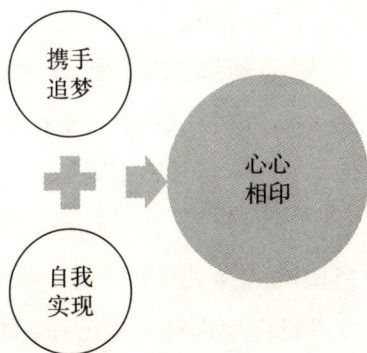

图 12-1　互相协作和自我实现基础上的心心相印

二、自我实现

（一）人本主义思潮的自我实现观

自我实现是人本主义思潮最为关注的哲学问题之一。现代人本主义思潮包括唯意志主义、存在主义、生命主义、精神分析主义、实用主义、人本主义心理学等流派。在人本主义思潮中，最有代表性的是存在主义者萨特和人本主义心理学家马斯洛的自我实现观。

萨特，法国人，1905 年出生，1980 年去世。他是 20 世纪西方最重要的哲学家之一。他去世时，在法国有 2 万多人为他送葬，这是继法国大文豪雨果之后，另一个能够享受到如此殊荣的法国文化名人。

萨特认为：人是一种"潜意识的存在"，潜意识是人的本质。萨特认为人的本质特点是"主观性"，这是人作为潜意识存在的最重要的特征。一个人在他的潜意识的"存在"的作用下，自己设计自己，自己选择人生道路，自己实现自己的理想和努力的目标。这样，人们一生不断设计、选择、实现自己的过程或轨迹，就构成了人的本质。这就是所谓"存在先于本质""存在先于本质"就是萨特关于人的自我实现的基本观点。

萨特指出，人在自我实现时，他的意志是绝对自由的。他是完全自由地在进行设计、选择和自我创造的。人在面对任何生活条件或环境时，都不会使他的自由本性受到影响或限制。

比如，人面对几座高山，可以自由地选择去爬哪一座山；如果爬到一半遇到困难，可以自由地选择是坚持下去，还是放弃。人在人生发展的各个关键时刻，可以自由地选择人生道路，而不受外在力量支配。人即使被关在监狱里，人的思想也是完全自由的，思想是无法被控制的。所以，人的本性就是自由。

马斯洛是美国人本主义心理学家，马斯洛最著名的理论就是他的"自我实现"理论和基于这种理论的"人本主义管理学"。马斯洛主张，人的本质是由人的基因决定的。用他的话说："人类成员的身份本质上是一个基因问题。"他把人的发展看作是一个人的自我实现过程。

对于人的自我实现规律，马斯洛提出了著名的"需要层次论"。他认为，人的遗传基因决定，人的发展是在五个与生俱来、依次递进的不同需要的推动下实现的。即，生理需要→安全需要→归属需要→自尊需要→自我实现需要。这五个需要的顺序是按从低级到高级排列的，越是低级的需要与人的生命存在的联系越直接。所以，人首先要满足低级需要，然后再向高级需要的满足过渡。这样，五个需要依次满足的过程就推动了人的自我实现的进程。

在人的发展进程中，依次满足这些需要，对于人的成长非常重要。因为如果某个需要在满足时遇到了困难而长久不能实现时，个人的发展不仅会停顿下来，而且还会得心理疾病。

人们究竟应该怎样努力去实现自我呢？马斯洛告诉人们，关键是人们应该及时认识自己，了解自己此时此刻的真正的需要是什么。因此，自我实现的关键是自我认识。

（二）唯物史观视野中的自我实现

恩格斯认为，社会发展史"有一点是和自然发展史根本不相同的""在社会历史领域内进行活动的，是具有意识的、经过思虑或凭激情行动的、追求某种目的的人"，每一个人正是"追求他自己的、自觉预期的目的来创造他们的历史，而这许多按不同方向活动的愿望及其对外部世界的各种各样作用的合力，就是历史"。这就是说，人类历史正是由无数个人所进行的自我实现活动的"合力"构成的；因此，人的自我实现是客观上构成历史发展动力的重要因素之一；社会进步和个人能动发展本质上辩证统一的。

历史唯物主义关于人的自我实现的理论，正是从人的本质是"一切社会关系的总和"，是社会性和实践性的统一这一前提出发，从人与社会发展的辩证关系出发，进而从人的主体能动性的角度去揭示人的发展规律以及人的发展与社会历史发展的辩证关系的。

关于自我实现，马克思是这样论述的："一个人'在通常的健康、体力、精神、技能、技巧的状况下'，也有从事一份正常的劳动和停止安逸的需求，……诚然，劳动尺度本身在这里是由外面提供的，是由必须达到的目的和为达到这个目的而必须由劳动来克服的那些障碍所提供的。但是克服这种障碍本身，就是自由的实现，而且进一步说，外在目的失掉了单纯外在必然性的外观，被看作个人自己自我提出的目的，因而被看作自我实现，主体的物化，也就是实在的自由，——而这种自由见之于活动恰恰就是劳动。"因而，真正意义上的劳动或者说是理想状态的劳动"是这样的劳动，这种劳动还没有为自己创造出这样一些主观的和客观的条件，在这些条件下劳动会成为吸引人的劳动，成为个人的自我实现"。

在马克思看来，自我实现是人的存在方式即实践、劳动的重要特征之一。在劳动中，人们树立起满足自己需要的具体目标，通过克服外在的必然性即根据客观规律改造外部世界，使自己的需要和要求得到满足，使人们在劳动开始时所设立的目标得到实现，这就是人的自我实现过程。因此，人的自我实现正是人的本质力量得到体现、人的本质得到确证的、能动的自我发展过程。

但是，自我实现并不是个人孤立的、封闭的自我完善、自我发展的过程，而是人的社会化的成长过程。正如马克思所指出的，人的本质是人的社会性和实践性，这是人区别动物的根本属性。人的发展是以人的基因为物质前提，以社会文化环境作为外部条件，以实践活动作为动力和形式来实现的，是这些因素共同起作用的结果，而其中社会文化环境和实践是根本性的条件。这就决定了人的自我实现是一个人在社会文化环境中通过自己的实践活动逐步使自己社会化，使自己日益符合社会要求的自我发展的过程。

（三）跨越时空的自我实现

无论是自我认识能力的高低，还是社会经济发展的实际水平，都会影响个人的"自我实现"，自我实现是为了满足自己的生存和发展的需要，根据对社会经济发展需要的判断，自我设定目标并通过实践实现目标、创造客户价值、实现自我价值的社会实践活动过程。

因而，自我实现需要两个条件，也即是对客观社会经济发展情况的准确判断和全面准确的自我判断，通过社会实践，创造客户价值来实现自我价值。

大数据时代条件下，对客观社会经济发展情况进行判断的信息是全面的、相对准确的，从而对社会的需求也就会有更加准确的判断和把握，从而为自我实现奠定客观基础。

当然，自我认识也会很容易获取所需要的及时的全息的准确的信息，从而会全面深入的自我认识。知己知彼百战百胜，有了对外部的社会经济发展环境的准确判断，加之客观准确的自我认识，自我实现便具有了成功的基因和土壤。

同时，多象限组织和团队文化又为自我实现提供了可以及时实现自我价值的组织基础和知心伙伴，为自我实现插上双翼，自由翱翔。

大数据时代的多象限组织和团队文化，将是自我实现的理想家园，在促进每个个体极大发挥自我价值的同时，为社会经济发展提供活力之源。

三、心心相印

在多象限组织的条件下，企业的所有员工和企业形成了梦想共同体，价值圈或复合价值圈的客户价值最大化成为每一位员工的共同目标和梦想，大家为了共同的目标和梦想而凝心聚力、携手奋进便成为必然。

同时，团队文化又使得所有员工具有共同的价值观，每一个团队里的成员又具有相同的爱好和理念，使得大家在追寻梦想时心有灵犀，共同奋斗。

（一）梦想孕育

新生代员工对客户需求的准确把握和在客户价值实现阶段的精彩表现，不断给 J 总带来好消息，这里有公司骄人业绩的因素，有

各个价值圈不断成长壮大的因素，还有员工个人梦想成真的影响。J
总突然产生一个创意：既然公司在多象限组织下的团队文化可以融合
新生代的奇思妙想并创造客户价值，实现其个人、团队和公司的多
方共赢，那么，对于在校大学生这个充满青春朝气活力、满脑子奇
思妙想的庞大群体，是否也可以发挥他们的价值呢！公司有支撑大
学生实现自己梦想的平台，有完善的拉动式价值链管理体系和多象限
的团队文化并积累了丰富的运营经验，来帮助大学生最大化实现自己
的梦想。而这些都是大学生所没有的，也都是大学生实现自己的梦想
所必需的。同时，帮助大学生实现自己的梦想，也可以最大化发挥公
司价值圈和员工智慧的价值。说干就干，J总当即就发出了倡议书（见
图 12-2 ）。

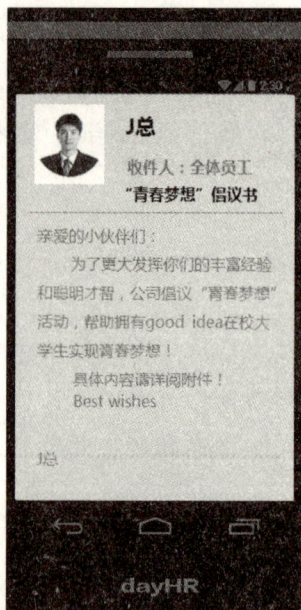

图 12-2　跨时空的"青春梦想"倡议书

（二）心有灵犀

不断闪烁的头像告诉刚刚完成价值圈工作的 J 总，新的邮件来了。

这次是多个邮件同时来的，小伙伴们纷纷赞同 J 总的创意，并提出了一些补充建议。

于是，"青春梦想圈"很快立项、组建并顺利运行。

远在某校园的 A 同学最近一直犯愁，这不，又在宿舍和舍友们聊起来了。A 同学和舍友最近发现一个好项目，这个项目不仅可以充分发挥他们的专业优势，还可以创造很大的经济和社会效益。

这个项目是他们所有舍友利用所学专业知识，融合了他们收集的最前沿的技术成果而发现的，通过这个项目，不仅仅可以充分展示他们的专业优势，还可以从多个方面展示他们的综合知识。从市场方面来说，目前该项目涉及的同类产品还没有，而关联产品的市场需求在逐年攀升，且关联产品的功能远低于项目涉及的产品，其价格是项目产品的近 20 倍。

就社会效益来说，由于该项目的技术在国内尚没有得到充分应用，因而与国外的理论研究和技术应用都有很大差距，如果该项目得以顺利进行，无疑会有很大的社会效益。

可是 A 同学仅仅掌握技术，其他方面都可以说还是空白。从可以了解到的融资渠道去试着融资，却总是碰壁。于是 A 同学就和舍友们又一起谋划了。

快看，有一个"青春梦想"行动，是专门针对我们大学生的。一位舍友的提醒让大家一下子看到了希望。

A同学和他的舍友们就顺理成章地加入了"青春梦想圈"（见图12-3），最后还带上了他们的女友，呵呵！

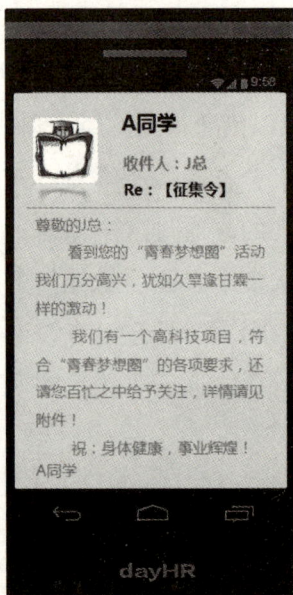

图12-3　心有灵犀的征集令响应

当然，A同学的加入，也是根据多象限组织下的团队文化的规则进行的。大数据时代对于A同学的核心价值观和行为导向的评估十分及时、客观、全面，让J总感觉到仿佛找到了一群知音。同时，A同学对J总提供的平台也进行了及时、客观、全面的考察，他觉得应该是上天的眷顾，给他提供了一个比想象中更好的追梦平台。

（三）成就梦想

A同学的加入，让"青春梦想圈"正式开始了实质性运作，由于核心价值取向和基本行为导向的基本一致，使得A同学的融入十分快速，使得A同学对于多象限的团队和团队文化规则的接受、消化十分高效，使得A同学与团队里的其他成员的合作十分愉悦。同时，"青春梦想圈"的其他成员对于A同学的接受也十分快速，对于A同学的项目内容的接受、消化同样高效，与 A 同学的合作也十分愉悦！这一切都给项目的顺利进行奠定了扎实的基础。

而实际也是如此，甚至比预期计划更为顺利，A 同学的项目策划基础使得"青春梦想圈"的顺利运行有了扎实的技术基础，"青春价值圈"的运行基础和管理经验使得"青春价值圈"的顺利运行有了高效的现实土壤和市场氛围。

不断闪烁的头像告诉刚刚完成价值圈工作的 J 总，新的邮件来了。这是一个个令人心情舒畅的喜报。

这一个个喜报验证了 A 同学的项目的经济效益、社会效益远远高于预期。这一个个喜报标志着 TH 公司又融入了新鲜血液，TH 事业又得到了进一步壮大，更加辉煌！

本章小结

1. 在多象限组织条件下，无论是老板，还是员工，都不断着眼于客户价值的实现，通过客户价值的不断实现，员工获得相应的物质利益和自我实现，老板们也通过团队价值实现的叠加获取相应的更加丰厚的物质回报，随着企业的不断成长、壮大，其社会地位也会相应提升，从而使企业的每一个员工凝聚一起，形成了梦想共同体。

2. 在多象限组织的条件下，企业的所有员工和企业形成了梦想共同体，价值圈或复合价值圈的客户价值最大化成为每一位员工的共同目标和梦想，大家为了共同的目标和梦想而凝心聚力、携手奋进便成为必然。

3. 大数据时代的多象限组织和团队文化，将是自我实现的天堂，在促进每个个体极大发挥自我价值的同时，为社会经济发展提供活力之源。

附　录

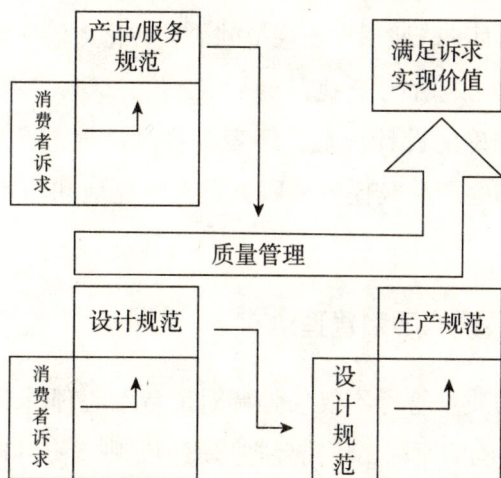

附图 1　价值链管理矩阵

一、消费者诉求的解析和转化

多象限组织下的拉动式价值链管理，起于消费者诉求的解析，止于消费者诉求的满足，同时又激发新的消费者诉求，引发新的价值圈，从而实现螺旋上升的价值圈管理体系。

（一）解析消费者诉求，并转化为产品／服务规范

价值链管理的首要工作就是要了解、明确消费者对产品／服务的诉求。在某些情况下，消费者的诉求是明确的，例如，有的手机用户对于存储单元可能有明确的心理诉求，诸如能够处理中文、可存储 500

条通讯录等；但在另外一些情况下，消费者的心理诉求又是不明确的，如手机用户要求手机的外观要很靓。

无论是消费者的心理诉求是否明确，都需要首先将其心理诉求转化为对产品／服务的要求，并用专业的产品／服务的规范性语言进行量值或描述，从而全面准确地对消费者的心理诉求进行解析，并转化为产品／服务规范。

（二）解析消费者诉求，并转化为设计规范

有了对消费者的心理诉求的全面准确的解析，接下来还要将消费者的心理诉求全面准确地用专业规范的语言转化为设计规范。

（三）设计规范对生产规范的转化

有了全面准确的设计规范，还需要将设计规范转化为生产规范，从而保证所生产的产品或提供的服务最大限度地和消费者的心理诉求相契合。

二、全面系统的质量管理

这里强调的质量管理不仅仅强调对消费者心理诉求解析和转化的系统、全面、准确的原则，还需要把这三项原则贯穿到以下两个方面：

第一，在把消费者的心理诉求转化为产品规范、设计规范，将设计规范转化为生产规范以及最终的价值实现的整个过程中，要进行全面系统的质量管理，确保整个转化过程符合多象限组织下的拉动式价值管理要求。

第二，在将消费者的心理诉求转化为设计规范、将设计规范转化为生产规范的过程中，要确保设计规范、生产规范与产品规范的匹配，保证所生产的产品或提供的服务符合产品规范，最大化与消费者心理诉求契合。

三、说 明

价值链管理矩阵图是多象限组织下的拉动式价值链管理的系统性

管理思想，没有对消费者心理诉求解析、产品规范、设计规范和生产规范的转化进行深入探讨，相关内容请参考卡诺模型、层级分析、质量功能展开、发明问题解决理论、失效模式分析、故障树分析法等理论、工具和模型，本书不再赘述。

参考文献

1.柳诒徵.中国文化史［M］.北京：中国和平出版社，2014.

2.赵林.西方文化概论［M］.北京：高等教育出版社，2008.

3.（美）弗雷德里克·泰勒.科学管理原理［M］.马风才，译.北京：机械工业出版社，2013.

4.（美）威廉大内.Z理论［M］.朱雁斌，译.北京：机械工业出版社，2013.

5.曹仰锋.海尔转型：人人都是CEO［M］.北京：中信出版社，2014.

6.（美）克拉耶夫斯基，里茨曼.运营管理：流程与价值链（第7版）［M］.刘晋，向佐春，译.北京：人民邮电出版社，2007.

7.孔子.论语［M］.北京：中华书局，2013.

8.涂子沛.大数据：正在到来的数据革命，以及它如何改变政府、商业与我们的生活［M］.桂林：广西师范大学出版社，2012.

9.（德）马克思恩格斯选集（第4卷）［M］.中共中央编译局编译.北京：人民出版社，2012.